CÓMO MORIR.
CARTAS A LUCILIO

Título original: *Epistulae morales ad Lucilium* [Selección]

© del texto: *Lucio Anneo Séneca*, 62-65 d. C.
© de la traducción: Antonio Cascón Dorado, 2024
© de esta edición: Arpa & Alfil Editores, S. L.

Primera edición: julio de 2024

ISBN: 978-84-19558-92-3
Depósito legal: B 11512-2024

Diseño de colección: Enric Jardí
Diseño de cubierta: Anna Juvé
Maquetación: Àngel Daniel
Impresión y encuadernación: QP Print
Impreso en Molins de Rei

Este libro está hecho con papel proveniente de Suecia,
el país con la legislación más avanzada del mundo en materia
de gestión forestal. Es un papel con certificación ecológica,
rastreable y de pasta mecánica. Si te interesa la ecología,
visita arpaeditores.com/pages/sostenibilidad para saber más.

Arpa
Manila, 65
08034 Barcelona
arpaeditores.com

Séneca

CÓMO MORIR.
CARTAS A LUCILIO

Introducción, traducción del latín
y notas de Antonio Cascón Dorado

arpa

SUMARIO

INTRODUCCIÓN

UNA PROPUESTA DISTINTA

En los primeros siglos del Imperio romano el estoicismo rechazó el sistema de valores vigente en aquella sociedad. En su opinión, un comportamiento irracional guiaba la conducta de los individuos, y la educación y las costumbres contribuían a alejarles de la felicidad. Pasiones, temores, deseos, vanas ilusiones... condicionaban completamente la actividad de los ciudadanos; los estoicos reivindicaron las posibilidades de la razón e hicieron una nueva propuesta que suponía una clara subversión del sistema de valores: no desear, no tener esperanzas, no acumular bienes, eliminar los temores, menospreciar la vida, tener presente la muerte...

Pretendían un cambio de rumbo que, de haber triunfado, hubiera supuesto una completa revolución moral y cultural: olvidarse de los desvaríos de la ambición y el deseo, de las ilusiones efímeras e insatisfactorias (riquezas, honores, fama, etc.); buscar a cambio el sosiego, sin frustración, sin complejos, sin miedos, la ataraxia o tranquilidad del alma. Su propuesta no prosperó, aunque sea justo reconocerles un éxito parcial, ya que algunas de sus ideas fueron asumidas por el cristianismo. En líneas generales, el sistema de valores que ellos denunciaron como perjudicial y equivocado para la felicidad del ser humano sigue vigente en nuestra sociedad y, consecuentemente, el plan de vida estoico sigue teniendo pleno sentido en nuestros días como propuesta alternativa.

Ese plan de vida nos es conocido, sobre todo, a través de los escritos que han llegado hasta nosotros de los autores de la Estoa Nueva, los estoicos de época romana. Séneca es uno de ellos, el que más obras ha legado a la posteridad. Entre todas ellas merecen lugar destacado las *Cartas a Lucilio,* donde se tratan los temas principales de la ética estoica, entre ellos, la forma de enfrentarse a la muerte, el que hemos elegido por su importancia y por su relevancia dentro del corpus para esta edición y al que me referiré más adelante en un apartado específico.

En mi opinión, el valor fundamental de estas cartas es trasladar un contenido netamente doctrinal en un lenguaje casi coloquial. Séneca se dirige a Lucilio, pero también a cualquiera de sus lectores —por supuesto, a cualquiera de los que hoy tenemos la fortuna de leerle—, para indicarnos el camino que cree correcto y lo erróneo de las conductas habituales, y lo hace bajo la apariencia de una misiva improvisada, con frases sencillas para expresar las ideas, porque su mayor interés es que se entienda bien un mensaje que en muchas ocasiones resulta sorprendente, dado que está expresando una idea o un concepto contrario a la opinión común, a las convenciones sociales al uso.

Séneca defiende en estas cartas que la muerte no es un mal, que es necesario tenerla presente en todo momento, que podemos contemplarla como un refugio, que la vida no es un bien y que hay que aprender a menospreciarla, que el suicidio es la máxima expresión de la libertad de hombre... Son ideas que chocan claramente con nuestra mentalidad, pero que el sabio de Córdoba defiende con convicción y coherencia. En la actualidad, hablar de la muerte casi se ha convertido en un tabú. Vivimos como si no fuéramos a morir. Frente al miedo a la muerte, las costumbres nos invitan a mirar para otro lado, pero Séneca nos dice que para no temer a la muerte es necesario tenerla presente, que «se niega a vivir quien se niega a morir».

Puesto que una de las características esenciales del hombre es su mortalidad, sería lógico que desde el nacimiento se nos aleccionase para ese trance, sería lógico que estuviésemos, como dice Séneca, mejor preparados para la muerte que para la vida (61, 4), pero nuestra sociedad parece muy alejada de tal propuesta. El ansia de vivir, que Séneca aconseja moderar, continua con su desbocado avance. En su opinión, hay que esforzarse en vivir bien y no en vivir mucho tiempo.

La lectura de estas cartas puede ayudar a ver las cosas de manera distinta, creo que pueden servir de alivio para quien se angustia cuando piensa en la muerte y pueden consolar al afligido por una muerte cercana, pero, sobre todo, pueden propiciar que veamos la vida de otro modo, que seamos capaces de usar la razón, no para generar ilusiones imposibles, sino para hacer frente a la realidad con la madurez imprescindible. Con acierto podríamos decir que son cartas que no hablan tanto de la muerte como de la vida y que, en realidad, su propósito es que aprendamos a morir para aprender a vivir.

UNA ESTATUA DE SÉNECA

Hay en Córdoba, muy cerca de la puerta de Almodóvar, un monumento inaugurado en 1965 que fue erigido para honrar la memoria de Séneca, y supongo que también para recordar a los turistas que esta hermosa ciudad fue su lugar de nacimiento. Hace solo unos días tuve ocasión de contemplarla con algún detenimiento; observaba su rostro, su mirada, su porte, y tuve la convicción de que aquella imagen tenía poco que ver con la que uno puede hacerse de él tras la lectura de sus obras.

Mientras contemplaba la estatua, pensaba en las cartas de Séneca que tratan el tema de la gloria póstuma, la *claritas*, como dice él, que traducimos por «celebridad». A su juicio, era esta un bien que el aspirante a la sabiduría debía perseguir, pues el ejemplo de los hombres grandes tiene que ser útil a otras generaciones.[1] Me preguntaba si él estaría contento con su actual *claritas*.

---

1 *Vid.* 102, 30: «Piensa cuántos buenos ejemplos nos son provechosos; te darás cuenta de que el recuerdo de los grandes hombres no es menos útil que su presencia». El tema se trata en las cartas 21, 79 y 102.

Probablemente, se sentiría satisfecho, siendo, como era, tan buen conocedor de la condición humana, pero a mí me parece que la imagen que se ha transmitido de Séneca y la que en general todavía hoy se tiene de él no se corresponde demasiado con sus merecimientos. Es una imagen equivocada como la que, en mi opinión, proyecta la escultura de la puerta de Almodóvar.

Ni siquiera ahora, cuando el estoicismo ha adquirido cierta notoriedad en la sociedad occidental, se ha producido el esperable reconocimiento de sus méritos. Esta nueva ola de estoicismo —generalmente mal interpretado— ha rescatado a Epicteto y encumbrado aún más a Marco Aurelio, pero sobre Séneca siguen manteniéndose las habituales reticencias. Y el caso es que no solo fue un filósofo que desarrolló ideas nuevas y humanitarias, sino que, además, su quehacer político fue tan exitoso que los cinco años que estuvo al frente del Imperio, como tutor del joven Nerón, son conocidos por los propios historiadores romanos como el «el quinquenio de oro». Es, además, uno de los grandes escritores de la Antigüedad; su obra es interesante por su contenido y por el excelente estilo literario con que sus ideas se trasmiten.

Unos merecimientos de esta clase no han servido a Séneca para lograr la celebridad indiscutida que sí podemos apreciar en otras personalidades de la Antigüedad. Frente a la fascinación casi unánime por Marco Aurelio, no es frecuente encontrar a alguien que confiese sin algún reparo su admiración por el sabio de Córdoba. Recordé la impresionante estatua ecuestre del emperador en la plaza del Campidoglio en Roma mientras observaba al togado de la puerta de Almodóvar.

Entonces, como en otras ocasiones, pensaba en las posibles causas de esa discutida gloria; apuntar aquí las que se me ocurren quizá pueda ser útil para bosquejar su fortuna literaria y para acercarnos a la personalidad del autor.

En general, el alegato más repetido contra Séneca tiene que ver con la incoherencia entre sus principios éticos y su vida, con dos reproches fundamentales: el primero, escribió contra la codicia y la posesión de riquezas, pero acumuló una notable fortuna; el segundo, sus postulados políticos y sociales no impidieron los desmanes del despótico Nerón. Estos eran los reproches que Séneca recibió de sus conciudadanos mientras vivía, según sabemos por pasajes de su obra y por lo que cuenta el historiador Tácito, y esos mismos son los que se siguen oyendo en la actualidad.

Séneca se defiende de la primera crítica, la acumulación de riqueza, en su tratado *Sobre la vida feliz;* dice que el dinero le es indiferente, pero que, ya que la suerte le ha ofrecido la posibilidad de elegir, prefiere tenerlo, porque le hace la vida más fácil y, además, le permite practicar algunas virtudes, como la generosidad.[2] Débil defensa, desde luego, al menos en apariencia, pero no sabemos de qué modo y a cuántas personas pudo beneficiar con su riqueza en una sociedad tan desestructurada y desigual como aquella. En cuanto al segundo reproche,

---

2 *Sobre la vida feliz,* 21-25.

su colaboracionismo o pasividad frente al régimen político, creo que para entender la difícil posición de Séneca hay que tener en cuenta el compromiso social e institucional de la llamada Estoa Nueva, que pretendía transformar la sociedad y para ello necesitaba situarse cerca del poder. Recordemos que Séneca hubo de escribir el tratado *De otio* para justificar su alejamiento de la política.

El caso es que parecidos reproches podrían hacerse a Marco Aurelio, a quien también resultó difícil mantener en puridad los principios del estoicismo. Sin embargo, la diferencia de trato de la posteridad hacia uno y otro resulta evidente y ha de tener razones más profundas. Mientras que ya en la antigua Roma Marco Aurelio contó con historiadores encomiastas de su labor,[3] las opiniones sobre Séneca no son muy positivas, aunque aquí es necesario diferenciar entre autores paganos y autores cristianos.

Entre los primeros, Tácito, medio siglo posterior a Séneca, se muestra respetuoso con su labor política, pero es él quien nos ha contado las muchas críticas que el filósofo recibía. Quintiliano, coetáneo aproximado de Tácito, desaprueba su estilo narrativo como orador, y Frontón y Aulo Gelio, ya en el siglo II d. C., se expresan de modo parecido. Por otro lado, es sorprendente que no haya ninguna alusión a él en la obra de otros filósofos de

---

3   Herodiano habla de Marco Aurelio en términos sumamente elogiosos en su *Historia del Imperio romano después de Marco Aurelio*. Flavio Vopisco es el nombre del historiador a quien tradicionalmente se atribuye la biografía de Marco Aurelio en la *Historia Augusta*.

la Estoa Nueva: ni Musonio Rufo ni Epicteto ni Marco Aurelio le mencionan.

Cuenta Tácito que Séneca alcanzó un notable éxito como orador con un estilo novedoso que se distanciaba del ciceroniano tradicional. En algunas de las *Cartas a Lucilio* encontramos también invectivas contra Cicerón por su vanidad y su apego a los cargos.[4] Esta posición crítica y novedosa debió de granjearle la enemistad de los admiradores de Cicerón, entre los que se contaban los autores más arriba citados, y, además, le enfrentaba a la oposición política al régimen imperial, pues Cicerón era un icono ideológico para los partidarios del régimen republicano.

En cuanto al silencio de sus compañeros de doctrina, que, desde luego, no parece casual, pues es frecuente que Epicteto cite a Musonio y Marco Aurelio a Epicteto, creo que Séneca está pagando las consecuencias de su sinceridad y su independencia. Igual que expresó con valentía su opinión sobre un mito como Cicerón, no dudó en manifestar en algunos pasajes de su obra su libertad de opinión frente a los principios de la escuela.[5]

Por ejemplo, no compartía en absoluto la importancia que Posidonio de Apamea —uno de los máximos exponentes del llamado estoicismo medio— concedía a lo que Séneca denominaba «estudios liberales»: historia,

---

4   *Cf.* Cartas 118 y 125 (Aulo Gelio, 12, 2).
5   *Cf.*, entre otros lugares, *Sobre la vida feliz*, 3, 2 y 13, 1.

geografía, filología, geometría, etc. Para él tales materias y otras semejantes tenían un interés secundario, y puede que esta sea otra de las posibles causas del desafecto hacia nuestro autor. Es más que probable que ya en la Antigüedad los anticuarios, historiadores, filólogos, etc., no recibieran con agrado los asertos de Séneca y que ello condicionara su opinión sobre nuestro autor. Es posible también que esa renuente actitud se mantenga incluso entre profesionales de hoy en día que interpreten las palabras de Séneca como minusvaloración de sus ocupaciones. En realidad, Séneca solo pretendía señalar la necesidad e importancia de la filosofía, temeroso quizá de que llegara a convertirse en una asignatura más, como habría de ocurrir no mucho tiempo después.

Los autores cristianos le dispensaron mejor trato; es fácil apreciar su influencia en Tertuliano (s. III d. C.), Lactancio (s. IV d. C.) o Martín de Braga (s. VI d. C.). La difusión de una correspondencia apócrifa entre Séneca y San Pablo en el siglo IV, cuando el cristianismo era ya la ideología dominante en el Imperio, contribuyó al renombre de Séneca y, probablemente, a la conservación de su obra en los oscuros siglos medievales. Más adelante, en las últimas décadas de la Edad Media, se difundió una nueva leyenda, la de su conversión al cristianismo. Quizá esta nueva ficción permitió que en el Renacimiento y en el Barroco autores tan respetables como Petrarca, Erasmo o Quevedo pudieran admirar y comentar su obra, pero tengo la impresión de que esta proximidad al cristianismo de Séneca no ha contribuido demasiado a su gloria.

Me parece que, en ese conflicto —siempre latente y a veces expreso— entre paganos y cristianos, ha sido abandonado por unos y por otros. Cualquier cristiano que se acerque con ecuanimidad a la obra de Séneca percibe enseguida su profunda racionalidad: quería creer en la existencia de la Providencia divina y en la supervivencia del alma, pero no deja de manifestar sus dudas en numerosos lugares de su obra; así que no cabe esperar demasiado entusiasmo por parte de los cristianos de hoy. Por su parte, los filósofos racionalistas, ateos o agnósticos, han mirado con lógica prevención a un pensador que por momentos pareció cercano a los teóricos del dogmatismo cristiano.

Después del Renacimiento, Séneca ha sido ocasionalmente rescatado y admirado por escritores tan notables como Montaigne, Rousseau o Schopenhauer, pero, como decía más arriba, su imagen sigue siendo hoy controvertida. Por los géneros que cultivó, por su trayectoria vital y por los caprichos de la tradición cultural, Séneca se ha visto comparado con competidores de gran fuste. En prosa, suele equiparársele con Cicerón; en verso, con Sófocles y Eurípides. Duros contrincantes que también pueden haber contribuido a ensombrecer un tanto su renombre, aunque son muchos los críticos que consideran la prosa de Séneca literariamente superior a la Cicerón, y algunos menos —si bien entre ellos se contarían Racine y Corneille— los que colocarían algunas de sus tragedias al mismo nivel que las de los trágicos griegos.

LA CARRERA POLÍTICA DEL ORADOR

Séneca, como hemos comentado, fue —además de filóso-fo— político y literato, es decir, un *orator*, alguien que en la antigua Roma recibía la preparación cultural y retórica suficiente como para ejercer cargos públicos, expresarse de manera elocuente y escribir más que correctamente. La mayoría de los escritores romanos fueron políticos o funcionarios relevantes que habían adquirido la formación del orador que se aprecia claramente en sus escritos. Durante mucho tiempo las magistraturas y el senado estuvieron reservados en Roma a esa casta cerrada que conocemos con el nombre de *nobilitas* patricio-plebeya, pero en época imperial se fueron abriendo a otros estamentos sociales, como las familias ricas de las provincias que podían permitirse sufragar la costosa formación de un futuro orador. Los Anneo de Córdoba eran una de ellas.

Lucio Anneo Séneca nació en el seno de esa familia en el año 4 a. C., aunque la fecha no es del todo segura. Conocemos bastante bien a sus progenitores. Su padre era un maestro de retórica, del que nos han llegado dos obras, *Controversias* y *Suasorias*; su madre se llamaba Helvia y sabemos algo de su personalidad gracias a la consolación que su hijo le dedicó. A su padre se le conoce como Séneca el Rétor o Séneca el Viejo para distinguirlo de nuestro Séneca, conocido como el Joven o el Filósofo. Lucio dedicó algunos de sus tratados a su hermano mayor, Novato Galión, que llegó a ser senador y gobernador provincial. Mela, el más pequeño, también prosperó en la administración imperial y era padre del poeta Lucano.

Séneca debió de llegar a Roma a una edad muy temprana, con cuatro o cinco años. En su *Consolación a Helvia* recuerda con particular afecto a su tía, una hermana de su madre, que, pienso, debió coadyuvar notablemente a su brillante carrera, pues vivió con ella en Roma y luego en Egipto, donde su marido, Gayo Galerio, ejerció como *praefectus Aegypti*[6] desde el año 16 hasta el año 31. Séneca vivió bajo el gobierno de todos los emperadores de la dinastía Julio-Claudia: Augusto, Tiberio, Calígula, Claudio y Nerón. Fueron tiempos difíciles para ejercer la política, tiempos de intrigas y enconadas luchas por el poder.

En ese ambiente, la protección de Galerio debió de resultar decisiva para el ascenso en la carrera de Séneca. Después, con los emperadores que sucedieron a Tiberio, no pudo librarse de las intrigas cortesanas. Según refiere Dión Casio, ya tuvo problemas con Calígula; al parecer, la popularidad del brillante senador despertó los recelos del emperador, y Séneca se libró de una muerte segura porque alguien aseguró a Calígula que moriría pronto por la grave enfermedad que le aquejaba.[7]

No le fue mucho mejor con Claudio. Acusado de adulterio con Julia Livila, hija de Germánico y sobrina del nuevo emperador, fue condenado al destierro en la

---

6   El *praefectus Aegypti*, «Prefecto de Egipto», era el cargo más alto de la carrera administrativa junto con el Prefecto del Pretorio. Cargos de la máxima confianza del emperador.

7   Según parece, padecía asma. En la carta 54 describe con cierta ironía cómo eran estas crisis.

isla de Córcega, donde estuvo ocho años. Es probable que hubiese permanecido en el exilio algunos años más, si Agripina, la nueva esposa del emperador Claudio, no hubiera propiciado su regreso a Roma en el año 49 para encargarle la educación de su hijo Nerón. Séneca fue nombrado pretor y, cuando en el año 54 murió Claudio, probablemente envenenado, se hizo cargo de la dirección del Imperio junto con Afranio Burro. Durante cinco años, hasta la muerte de Agripina en el año 59, formaron un tándem tan exitoso como para merecer la alabanza casi unánime de los historiadores de época imperial.[8]

Sin embargo, Nerón, después de ordenar la muerte de su madre, fue pareciéndose cada vez más a ese individuo despótico y caprichoso que tan detalladamente describe la historiografía antigua. La posición de Séneca en la corte era tan difícil, sobre todo después del fallecimiento de Burro en el año 62, que casi hay que considerar sorprendente que pudiera vivir tres años más. En el 65, como es bien conocido, Nerón envió a algunos soldados a la residencia de Séneca con la orden de inducirle al suicidio,[9] acusado de participar en el golpe de Estado de Gayo Pisón. Ciertamente, no nos es posible tener

---

8 «Procedían de acuerdo, con una autoridad equivalente. Burro con su experiencia militar [...], Séneca con su magisterio oratorio y su honesta benevolencia» (Tácito, *Anales* XIII 2,1).

9 Tácito narra las circunstancias en que este se produjo, pero lamentablemente no nos ha transmitido sus últimas palabras, pues, según dice, eran sobradamente conocidas (*Anales* XV, 63, 3).

certeza de si Séneca participó en esta conjura, pero parece evidente que su indudable prestigio se había convertido en una amenaza para el emperador. Mientras tuvo oportunidad de hacerlo, si hacemos caso a los *Anales* de Tácito, procuró trasladar al emperador la honradez y tolerancia de su filosofía (XIII, 11, 2), y en el relato del historiador se le ve intervenir con acierto en crisis decisivas del gobierno de Nerón.

Cuenta Tácito que, una vez abortado el golpe, se extendió el rumor de que los conjurados habían designado a Séneca para ocupar el trono imperial como sucesor de Nerón, «elegido para el poder supremo como hombre sin culpas y de esclarecidas virtudes» (XV, 65, 1).

UN FILÓSOFO ESCRITOR

Ahora nos parece normal y casi necesario que un filósofo ponga por escrito sus ideas en distintos tratados y ensayos, pero no siempre fue así. En distintas épocas ha habido filósofos ágrafos, de cuya existencia y pensamientos tenemos noticia gracias a lo que sus seguidores o comentaristas posteriores nos han transmitido. En la Antigüedad, tenemos el caso emblemático de Sócrates, a quien conocemos por lo que sus ilustres discípulos, Platón o Jenofonte entre otros, nos han contado sobre él. Entre los filósofos cínicos la cuestión era más que personal: no escribir era un principio de la escuela.

Los estoicos más antiguos sí escribieron, aunque apenas conservamos algo más que los títulos de sus obras.

Sin embargo, los estoicos «nuevos», ya en época del Imperio romano, no parecían muy partidarios de la escritura. A Musonio Rufo, una generación posterior a Séneca, le conocemos por las alusiones de los historiadores y de su discípulo Epicteto, y si conservamos sus *Disertaciones* es gracias al *Florilegio* de Juan Estobeo del siglo v d. C. Epicteto también era renuente a la escritura, de modo que, si hoy podemos leer sus *Disertaciones* y el *Manual*, es por los apuntes de su discípulo Flavio Arriano.[10] De Marco Aurelio conservamos sus *Meditaciones,* un diario íntimo, no destinado a la publicación sino *A sí mismo*, que es el título original de la obra.[11]

Séneca se distancia claramente en este aspecto de sus más ilustres compañeros de doctrina, pues es un escritor notable por la cantidad y calidad de sus obras. En realidad, tenía un interés secundario por la literatura, pero defendía, según hemos visto, la necesidad de llegar a las generaciones posteriores y alcanzar celebridad como algo bueno y necesario. Por alguna de sus cartas sabemos que el tema despertaba cierta polémica incluso entre los estoicos.[12] Desde luego, Marco Aurelio parecía considerar

---

10 Flavio Arriano era uno de los discípulos de Epicteto, que llegó a cónsul en tiempos de Adriano. Conocido por su faceta de historiador, merece mencionarse su *Anábasis de Alejandro Magno*.

11 *Vid.* Hernández de la Fuente, David, *Marco Aurelio. Meditaciones,* Barcelona, Arpa, 2023, pág. 32.

12 *Vid. Epístolas a Lucilio,* 10, 21, 79 y 102.

pura vanidad los afanes de perpetuarse.[13] Probablemente, Musonio, Epicteto y Marco Aurelio se vieron influidos en este tema por sus admirados filósofos cínicos.

No nos han llegado todas las obras de Séneca, pero no podemos quejarnos de lo recibido. Tenemos sus ocho tragedias en verso, que abordan los temas y mitos de los trágicos griegos: *Medea, Edipo, Fedra*, etc. Se le atribuye casi unánimemente la *Apocolocíntosis*, cruel parodia en la que se describe la «conversión en calabaza» (apocolocíntosis) del emperador Claudio tras su muerte. También conservamos sus consolaciones, *A Marcia*, por la pérdida de su hijo; *A su madre Helvia*, para consolarla de su propio destierro en Córcega, y *A Polibio*, por la muerte de un hermano.

De sus tratados, la mayoría abordan cuestiones éticas concretas que sirven a Séneca para exponer los principios fundamentales del estoicismo. *Sobre la ira* es un largo ensayo sobre el origen y características de la cólera, que llama la atención por su profundidad psicológica y su modernidad. En *Sobre la brevedad de la vida* sostiene que la vida nos resulta breve por el mal uso que hacemos de ella; es el resultado de vivir sin reflexión y de hacer lo que dictan las costumbres. *Sobre la tranquilidad del espíritu* es un diálogo con su amigo Anneo Sereno en el que expone las causas que nos alejan de la tranquilidad

---

13 *Vid. Meditaciones*, 6, 18: «Tienen en gran estima ser elogiados por las generaciones venideras, a quienes nunca vieron ni verán. Eso viene a ser como si te afligieras porque tus antepasados no han tenido para ti palabras de elogio». *Vid.*, también, 8, 44 y 4, 19.

espiritual. *Sobre la firmeza del sabio*, también dedicado a Anneo Sereno, trata de la imprescindible independencia del que aspira a la sabiduría y de su imperturbabilidad frente a las injusticias. En *Sobre la vida feliz* defiende que esta consiste en buscar la virtud siguiendo a la naturaleza. *Sobre la Providencia* está dedicado, como las *Cartas*, a Lucilio; Séneca le explica por qué, aunque exista una Providencia divina, los buenos sufren tantas calamidades. *Sobre el ocio* fue escrito para justificar su alejamiento de la política y en él defiende la reflexión activa en busca de la sabiduría.

Hay otros tratados que no abordan cuestiones éticas concretas: *Sobre la clemencia* está dirigido a Nerón y constituye un intento de llevar al nuevo príncipe por el camino de la tolerancia. *Cuestiones naturales* es un tratado más próximo a la física que a la ética, en el que se describen los fenómenos naturales y sus causas: el arcoíris, las inundaciones, los terremotos, etc. *Sobre los beneficios* aborda distintos temas: sobre la ingratitud, sobre la beneficencia..., y otros muy diversos, como la defensa de los esclavos.

A lo largo de estas obras Séneca expone sus ideas, que básicamente coinciden con los principios de la filosofía estoica. Quizá pueda ayudar a la lectura de estas *Cartas* resumir aquí el núcleo central de esta doctrina:

El hombre es un ser racional, pero hace un uso inadecuado de su razón. Se deja llevar por sus deseos y temores y por las costumbres y convenciones sociales, y ese comportamiento insensato le aleja de la tranquilidad de espíritu que constituye el objetivo de quien aspira a la sabiduría. El sabio es el hombre ideal del estoicismo, pero alcanzar la sabiduría completa es muy difícil; de hecho, los estoicos solo reconocían como sabio a Sócrates y aun con dudas. Quienes se iniciaban en las enseñanzas de la doctrina eran proficientes, personas dispuestas a aprovechar tales conocimientos, pero a los que quedaba un amplio camino por recorrer. Séneca y Lucilio se consideraban proficientes de la tercera clase, muy alejada de la sabiduría.[14]

El proficiente ha de practicar un autoanálisis permanente y debe distanciarse de los no iniciados para no volver a caer en los antiguos errores. Tendrá que luchar con la parte irracional, pues nos determinan los deseos (sexo, riqueza, renombre…) o los temores (enfermedad, soledad, muerte…). Entre todos ellos, a la razón, nuestro guía interior, le resulta muy difícil cumplir con las funciones que pueden proporcionarnos el feliz sosiego. Ese racionalismo radical es lo que caracteriza al aspirante a la sabiduría, que no se perturba por nada y que no necesita ayuda de nadie; las desgracias no le conmueven, solo le ponen a prueba, y es capaz de controlar sentimientos como el miedo, la tristeza, el enfado, etc.

En general, concedemos demasiado valor a la vida y tememos en exceso a la muerte, que solo es un proceso natural e inevitable. La muerte solo es la desaparición del cuerpo, pero no del alma, que es parte de la divinidad y a ella retorna. Esta posibilidad, la de la pervivencia

---

14 Se exponen en la carta 75 las distintas categorías de proficientes, según su aproximación a la sabiduría (10-15). «La tercera clase se libra de muchos y graves vicios, pero no de todos […] nos daremos por satisfechos si somos admitidos en esta categoría».

del alma, así como la de la existencia de Dios o de dioses, eran las que al estoicismo le parecían las más probables, pero tanto Séneca como Marco Aurelio no dejan de manifestar sus dudas en numerosos pasajes: tal vez no exista un Creador del universo y todo sea producto del azar. Epicteto se muestra intransigente con tal posibilidad y se aproxima al dogmatismo cristiano. En todo caso, el hombre debe guiar su comportamiento contando con la posible existencia de los dioses, que son buenos por naturaleza, no pueden hacer mal porque no tienen posibilidad de hacerlo.

La conducta del hombre debe estar guiada por la virtud, que es el sumo bien. La virtud es lo honesto y requiere el comportamiento solidario con nuestros semejantes. «Has de vivir para el prójimo, si quieres vivir para ti», dice Séneca en una de sus epístolas (48, 2). Marco Aurelio compara al hombre con la abeja y a la sociedad humana con una colmena. Por tanto, los conceptos de tolerancia y comprensión con el ignorante y el humilde son básicos en la doctrina. Buena parte de eso que hoy denominamos derechos humanos tiene su origen en el estoicismo. *Caritas humani generis,* «amor al género humano», es una idea central de la Estoa, pues todos somos criaturas de Dios. Por eso, hay que tratar bien a los esclavos, porque son nuestros hermanos;[15]

---

15 La carta 47 defiende a los esclavos, tratados de forma cruel e injusta: «Ha nacido de la misma semilla que tú, goza del mismo cielo, respira de la misma forma, vive y muere como tú» (10).

por eso, las mujeres han de recibir la misma educación que los hombres.[16]

Este es un bosquejo rápido de los principios básicos del estoicismo que Séneca defiende en sus obras, pero en ellas encontramos otros aspectos interesantes de su pensamiento, no bien conocidos, que solo podemos mencionar aquí: por ejemplo, sus avanzados y profundos conocimientos de la psicología humana; sus sorprendentes propuestas educativas, o sus objeciones contra la guerra y el imperialismo.

Uno de los aspectos más admirables del talento de Séneca es su capacidad para incluir entre sus principios cuanto veía de bueno en otras escuelas filosóficas. Tiene que ver, desde luego, con la mentalidad práctica y proclive a la asimilación del hombre romano, pero Séneca demuestra, además, esa mentalidad abierta que le permitió admirar a Epicuro, el máximo rival del estoicismo, y acudir a la cueva de Demetrio el cínico como uno más de sus seguidores. Parece que esta actitud le granjeó algún disgusto entre sus compañeros estoicos, pero siempre hizo gala de su independencia: «No me adhiero a uno en particular de los maestros estoicos: también tengo yo derecho a opinar» (*Sobre la vida feliz*, 3, 2).

---

16 Musonio Rufo defiende en sus *Disertaciones* los derechos de la mujer. «Del que también las mujeres han de filosofar (III)». «De si hay que educar de la misma manera a hijas e hijos (IV)».

CARTAS A LUCILIO

Sin duda, estas cartas descubren una relación de amistad sincera entre Séneca y Lucilio, pero no podemos decir que su contenido revele las intimidades propias de una correspondencia entre amigos que solo espera ser leída por el destinatario. Parece claro que se trata de una obra claramente destinada a un público muy amplio; tan amplio como para que su autor estuviera convencido de que las *Cartas* iban a llegar a la posteridad e iban a otorgar a Lucilio un renombre imperecedero.[17]

Tal vez, sería más apropiado el término «epístolas», que traduce literalmente el latín, *Epistulae morales ad Lucilium*, y que en castellano quizá refleje mejor la intención del autor de dirigirse a un público más numeroso, pero creo también que ese término ha adquirido en nuestra lengua una solemnidad muy alejada de las intenciones claramente divulgativas de nuestro filósofo. Por eso hemos elegido la palabra «cartas» para esta edición, aunque no sean cartas familiares redactadas en lenguaje íntimo, sino más bien cartas abiertas, escritas con un estilo muy personal, pero con las características de un género literario cultivado en la Antigüedad, que contaba con ilustres antecedentes: recordemos, para no citar a otros, entre los griegos las *Epístolas* de Epicuro

---

17 *Vid.* 21, 5: «La promesa que hizo Epicuro a Idomeneo te la hago yo a ti, Lucilio: alcanzaré el renombre en la posteridad y conseguiré que otros nombres perduren con el mío».

a Meneceo y entre los latinos las espléndidas *Epístolas* de Horacio.

Formalmente, estas cartas siguen el modelo de la diatriba o, para ser más exactos, de la *diálexis*: el autor escribe un monólogo que se ve eventualmente interrumpido por un interlocutor real o ficticio que formula objeciones a lo afirmado. El objetor más frecuente es Lucilio, pero a veces es un objetor supuesto o ficticio. Es el mismo esquema que sigue Séneca en sus tratados y que parece haber tomado de la diatriba empleada por algunos filósofos cínicos, como Bión de Borístenes (s. IV- III a. C.).

Nos han llegado 124 cartas distribuidas en veinte libros, que podemos datar con bastante exactitud entre julio del año 62 y noviembre del 64. La alusión de Aulo Gelio, anticuario del siglo II d. C., a un libro XXII y el hecho de que no se mencionen en todo el corpus acontecimientos tan relevantes como el terremoto de Pompeya en el año 62 o el incendio de Roma en el año 64 parecen revelar que algunas cartas se han perdido.

Las cartas nos ayudan a conocer episodios concretos de la vida de Séneca, viajes, enfermedades, etc., también su relación con otros amigos o maestros a los que tenía en gran estima (Demetrio, Baso, etc.), pero, sobre todo, es el mejor documento para conocer no solo sus ideas sino también su personalidad, marcada por un talante autocrítico que no impide vislumbrar una soterrada vanidad; por la sinceridad a la vez firme y desconfiada del que quiere creer, pero no termina de convencerse, y por el rictus amargo de quien se encuentra ya al final de la vida y prevé su final.

La correspondencia entre Séneca y Lucilio descubre, además, como decíamos, una excelente relación de amistad, apreciable a lo largo de toda la obra por el tono afectuoso, a veces teñido de sano humor, con que el autor se dirige a su amigo, y por los pasajes concretos en que manifiesta la cercanía y contento que le producen las respuestas de Lucilio. «Jamás recibo tu carta sin que estemos enseguida juntos», dice al comienzo de la Epístola 40. Se percibe, es verdad, cierta jerarquía entre ambos, producto de la diferencia de edad y de la relación entre maestro y discípulo, pero es patente la familiaridad de los amigos íntimos.

Séneca se muestra algo más que complacido por esta comunicación epistolar; tiene ocasión de trasladar a su amigo, además de sus ideas, sus estados anímicos: a veces, una alegría un tanto descreída y burlona, a veces lo que parecen desahogos de cierta angustia vital. Pero, además del intercambio afectivo, el objetivo del filósofo es colaborar en la educación estoica de Lucilio, del que conocemos algunos datos biográficos: era natural de Pompeya, aproximadamente diez años menor que Séneca y con una notable carrera en la administración provincial del Imperio —probablemente auspiciada por su influyente amigo—, que le aupó al gobierno de algunas provincias.

Naturalmente, la intención del autor es que las ideas que leemos en las epístolas fueran útiles no solo a Lucilio sino a cualquiera que quisiera iniciarse en la doctrina. Los temas que encontramos son los mismos o muy parecidos a los que el filósofo aborda en el resto de su obra, con una clara predilección por los que tienen relación con la ética, la parte de la filosofía por la que muestra un mayor interés. Además del tema de la muerte, que comentaré en el siguiente apartado, hay otros de parecida relevancia: sobre el papel de la fortuna en la vida humana, contra la riqueza y los cargos públicos, sobre la búsqueda de la felicidad; sobre la pervivencia del alma, etc.

Son temas habitualmente abordados por otros filósofos estoicos y en los que se aprecia una fidelidad a la doctrina, no exenta de la originalidad esperable en una personalidad tan poderosa como la de Séneca. Por un lado, suele utilizar sus propias vivencias personales en la exposición de sus principios, entremezclándolos con sorprendente naturalidad; por otro, demuestra un conocimiento de la condición humana que solo puede ser producto de un continuo autoanálisis y de su inteligente observación del comportamiento humano.

Además, el talante de Séneca, tan lejano al dogmatismo, siempre estuvo abierto, como ya hemos comentado, a la admisión de cualquier idea que pudiera ser útil para alcanzar la sabiduría. Por eso, a lo largo de la obra encontramos citas de filósofos de otras escuelas que él consideraba sabias y benéficas para el progreso del proficiente estoico. En general, son ideas coincidentes con los principios estoicos, pero quizá más y mejor desarrolladas por otras escuelas. De los cínicos, admira su racionalismo exacerbado y su rechazo del lujo y la riqueza; de los epicúreos, su invitación al retiro espiritual del sabio y su seguimiento de las normas que dicta la naturaleza; de los pitagóricos, su ascetismo en las reglas del comportamiento (vegetarianismo, silencio de los discípulos, etc.); de los platónicos, su visión de la pervivencia del alma y aspectos esenciales de su metafísica (categorías del ser, razón creadora, etc.). Da la impresión de que Séneca tiene particular interés en reforzar este tipo de coincidencias, como si fueran argumento de autoridad para fundamentar aún más sus propias convicciones.

Esta mentalidad tan abierta y pragmática ha provocado que algunos estudiosos hayan llegado a considerarle equivocadamente un filósofo ecléctico o un estoico heterodoxo. En realidad, Séneca es un estoico romano que, como otros filósofos de la Estoa Nueva, contribuyó decisivamente a la renovación del estoicismo; un pensador que, por supuesto, marca distancia con filósofos de otras doctrinas cuando lo cree necesario, sobre todo con los epicúreos, y que aporta ideas nuevas o refuerza algunas del estoicismo anterior, sobre todo cuanto tiene que ver con la universalidad de la doctrina y con la fraternidad entre los seres humanos, criaturas de Dios.

Hay en Séneca una decidida voluntad de cambiar la sociedad, aunque fuera consciente de las dificultades que tal empresa conllevaba. Para ello se sirvió de una expresión y un lenguaje que sus coetáneos consideraron un nuevo estilo literario. El propio Anneo se refiere en algunas de sus epístolas a las características de su estilo, que está siempre al servicio del mensaje que quiere transmitir y que tiene para él una importancia secundaria, como la que concede a la propia retórica o a la literatura.

Lo que tiene que decirnos es tan importante que no importa mucho cómo se diga. Eso es probablemente lo que el propio Séneca nos diría a propósito de su estilo, pero, ciertamente, aunque no lo pretendiera, hay demasiados elementos artísticos en su prosa como para no considerarle un gran escritor. Desde luego, consigue su propósito; sus pensamientos, muchas veces alejados de la mentalidad habitual, quedan perfectamente divulgados con esa claridad de exposición, en la que las frases cortas se convierten en sentencias por su brillante composición: las palabras y su colocación trasmiten cada idea con singular exactitud. En cualquier carta encontramos un número tan abundante de sentencias, que ya desde la Edad Media ha sido costumbre hacer largas recopilaciones, como las que hoy podemos encontrar en algunas páginas web.

El estilo sentencioso supone una simplificación de las conexiones sintácticas, que evita largos periodos con frases subordinadas, como hace Cicerón, y, sin embargo, utiliza con frecuencia la parataxis: frases yuxtapuestas, donde los signos de puntuación sustituyen a las conjunciones. La sentencia es así una herramienta eficaz para trasladar los preceptos del estoicismo, pero también un elemento esencialmente artístico, pues para su composición Séneca se sirve de distintas figuras literarias: la paradoja o el oxímoron, la anáfora, la antítesis, el quiasmo, etc. Otro elemento repetido en la prosa de Séneca son las metáforas o símiles, utilizados más como instrumentos docentes que como meros elementos literarios; constituyen una ayuda muy útil para ejemplificar e ilustrar el pensamiento que se quiere comunicar, objetivo prioritario del autor.

En realidad, ese es, en mi opinión, el mayor logro o mérito de Séneca: ser capaz de trasladarnos un contenido netamente filosófico en un lenguaje sencillo y aparentemente improvisado. No me atrevería a decir que esa improvisación no sea auténtica, pero encuentro demasiados elementos artísticos como para pensar que no haya detrás una muy cuidada estructuración del conjunto y el correspondiente trabajo de orfebre en la composición de cada frase.

LA MUERTE NO ES UN MAL Y LA VIDA NO ES UN BIEN

Los estoicos, siguiendo el punto de vista socrático, se esforzaron en combatir el miedo a la muerte. Según su criterio, era imprescindible que el hombre asumiera su condición mortal y que estuviera preparado en todo momento para el último día. Uno de los principios fundamentales de su filosofía era el rechazo del miedo, que, como el resto de las pasiones, era preciso controlar mediante la razón; los temores nos alejan del comportamiento honesto. Probablemente, el temor a la muerte sea el más habitual y el más intenso, provocado, sin duda, por el instinto de conservación, pero también por factores educacionales que se añaden desde la infancia.

Los coetáneos de Séneca, tanto como los ciudadanos del siglo XXI, habían admitido como principio incuestionable que la vida es un bien y la muerte es un mal; ellos, como nosotros, habían interiorizado que los miedos son inevitables, aunque, quizá, en aquella sociedad no se enseñaba a tener miedo, como sí ocurre en la nuestra, particularmente, miedo a la muerte. Los estoicos romanos intentaron refutar tales ideas reivindicando las posibilidades de la razón: su objetivo era que fuésemos capaces de superar con la razón los temores; que supiéramos, al menos, que no son tan inevitables como creemos. En su opinión, el comportamiento irracional guía nuestra conducta y por eso somos incapaces de superar miedos que nos arrebatan la libertad.

Los temores siempre aparecen en el discurso de la filosofía estoica como contrapunto de los deseos. El aprendiz de la doctrina debe rechazar ambos. La norma más conocida del estoicismo, plasmada en la conocida frase de Epicteto, «soporta y renuncia», se refiere precisamente a ambas pasiones: soporta los temores y renuncia a los deseos. Es habitual que ambos conceptos se mencionen conjuntamente, porque según su punto de vista estaban claramente relacionados. El deseo de riqueza provoca nuestro temor a la pobreza; el ansia de vivir, el miedo a la muerte; el afán de notoriedad y prestigio, el temor al fracaso, etc. Así que esa era, según su criterio, una de las razones por las que no había que tener ni esperanzas ni deseos.

El estoicismo pretendía formar hombres sabios, capaces de enfrentarse a la muerte, pero las costumbres empujaban en otra dirección. Entonces, como ahora, lo que rodeaba a la muerte solía estar acompañado de luto y comentarios lúgubres. En nuestra sociedad las cosas han ido más lejos: hablar de la muerte parece algo de mal gusto. La intención de los estoicos, pero también de otras escuelas, era mostrar que, aunque no fuera fácil, sí era posible moderar e incluso suprimir los temores, y que la dificultad para conseguirlo tenía que ver, en buena medida, con hábitos ajenos a la razón que condicionan el comportamiento de los seres humanos.

Pero no es tarea fácil reaccionar contra las convenciones sociales. Hay tanta superchería alrededor de la muerte que nos cuesta ver la realidad, aunque esta sea simple y diáfana. La muerte nos rodea por todas partes, las hojas caen de las ramas de los árboles y los animales mueren de distintas formas en cualquier lugar. Parece que estúpidamente nos rebelamos contra la ley de la naturaleza. Cada día perdemos una parte de la vida y todos los días nos acercan a la muerte. Es un proceso natural, pero vivimos como si nunca fuéramos a fallecer y eso nos lleva a una profunda confusión de los valores fundamentales. Por eso Séneca propone tener conciencia continuada de la muerte; por eso, es el tema más tratado en *Cartas a Lucilio* y su consejo se repite en más de un lugar: para no temer a la muerte es necesario tenerla presente. En su opinión, reflexionar sobre la muerte es imprescindible para tener una vida honesta y plena. Le parecía un desatino temer algo que con seguridad va a ocurrir, pues lo racional es esperar las cosas que son seguras y temer solo aquellas que son dudosas (30, 10).

Ni siquiera la muerte ajena, la única que podemos experimentar realmente, es capaz de hacernos ver su cercanía. El fallecimiento de un amigo o un familiar nos conmueve, pero normalmente no dura en nuestra mente más tiempo del que dura nuestra sorpresa; pasado el primer golpe, seguimos con nuestras rutinas, como si aquello solo les pudiera pasar a los demás, pero no a nosotros. Nuestro filósofo considera una necedad dejarse sorprender; lo imprevisto siempre ocasiona mayor estrago y los infortunios que no esperamos son los que más nos duelen (101, 6). Si la muerte de un familiar nos sorprende es porque hemos rechazado la posibilidad de que ocurra. Si la muerte de un hijo nos resulta tan trágica es, además de por otros motivos, porque no admitimos que algo así pueda acaecer. Nos sorprende la muerte porque no pensamos en ella; nos infunde tanto terror que la hemos desterrado de nuestra mente.

Tememos la muerte porque nos priva de la vida, a la que tenemos en el más alto aprecio. Sin embargo, la doctrina estoica defiende una visión distinta de la vida; en su opinión, no es un bien, sino una oportunidad. Séneca escribe a Lucilio que no es ni un bien ni un mal, sino la ocasión para hacer el bien o para hacer el mal. Podemos convertirla en un bien o en un mal según sea nuestro comportamiento. La mayoría, en opinión de Séneca, la desaprovecha o la convierte en un mal; así que podríamos contemplar la muerte de forma positiva, ya que supone la posibilidad de dejar de equivocarse (99, 12). La actitud del sabio debe ser no temer la muerte como una gran pérdida, pues, al fin y al cabo, en algunas ocasiones morir bien evita la posibilidad de vivir mal; en muchos casos la muerte se demora en exceso y la vida demasiado prolongada se convierte en un mal (70, 5-6).

El menosprecio de la vida, breve, fugaz e insignificante es, por tanto, otro de los principios fundamentales del estoicismo que nadie compartiría en nuestros tiempos. El mensaje pertinaz que considera la vida un don de Dios y que hace del vivir un privilegio ha calado hasta tal punto que son muy pocas las personas que piensan que quizá sería mejor no haber nacido y, si llegasen a pensarlo, muy pocas se atreverían a decirlo abiertamente. Los estoicos se esforzaron, sin embargo, en trasladar a sus discípulos una idea distinta, pues, a su juicio, no parecía muy inteligente poner en valor lo que sabemos seguro que vamos a perder. Este parece un consejo tan certero como alejado de nuestras costumbres; seguramente, también lo estaba de las del siglo I d. C. Séneca presenta aspectos negativos de la vida para que tengamos ante ella una posición equilibrada: no amar la vida demasiado ni odiarla en exceso (24, 24).

En la epístola 101 critica Séneca unos versos de Mecenas, el ministro de Augusto, en los que este pedía a los dioses que le alargaran la vida. El sabio de Córdoba se rebela contra esa ansia de vivir tan común en los mortales que hemos mencionado más arriba. Mecenas, enfermo, prefería prolongar su suplicio antes que morir, y Séneca se pregunta qué clase de vivir es morir durante mucho tiempo. Parecidas ideas encontramos en la Epístola 93: nuestra preocupación no debe ser vivir mucho tiempo, sino el suficiente. Es la actividad del individuo lo que otorga valor a la vida, no su duración.

Aunque nos pueda resultar paradójico, hay muchas personas que tienen una vida muy larga y, sin embargo, no han vivido: llenan el tiempo de su existencia sin haber realizado ninguna reflexión sobre el sentido de sus vidas. Digamos que resulta frecuente que asumamos el papel familiar y social que se nos asigna sin tener la capacidad de cambiar el rumbo. De manera que, como escribe Séneca, es habitual que el que ha vivido muchos años viva en realidad muy poco (49, 10).

Vivir cada día como si fuera el último es la fórmula que Séneca se prescribe a sí mismo para madurar y aprovechar cada instante al máximo; proyectar la actividad de un solo día como si fuera la vida entera y no ir más allá. Es un precepto que se repite en la obra de nuestro filósofo; tal vez confiaba en que la proximidad de la muerte acabara con toda esa teatralidad e hipocresía que nos rodea. Quizá esperaba que la conciencia del último día fuera capaz de hacer que moviéramos el timón para encontrar el rumbo correcto; podría ser también una forma de terminar con el tedio de vivir. Esa sensación que hace la vida penosa a tantos humanos, a los que abate, más que el odio, el hastío de vivir, y que, aunque no lo parezca, tiene que ver con el miedo a la muerte (24, 26).

Nuestra inclinación natural y nuestras convenciones nos llevan a amar la vida y ese amor nos encadena. El esfuerzo lógico y sensato debería ser contrarrestarlo para intentar moderarlo, pero nuestros deseos y temores lo exasperan y engrandecen, convenientemente alimentados por una ideología que a nuestro autor le parecía equivocada. Séneca instruye a Lucilio para que procure disminuir su amor por la vida y para que, si las circunstancias así lo exigen, tenga disposición y capacidad suficiente para salir de ella. En su opinión, lo ideal y lo racional es alcanzar ese estado que nos lleve a considerar el suicidio como una valiosa herramienta y no como un sacrilegio.

En las cartas 70 y 77 aborda Séneca con más detenimiento la cuestión del suicidio. Lo ensalza como el supremo gesto de la libertad del hombre y critica a los filósofos contrarios a hacer violencia contra la propia vida, pues eso supone cerrar el camino hacia la libertad. Es una posibilidad que nos permite, además, desafiar a la fortuna, pues el que sabe morir puede hacer frente al poder omnímodo del azar: «¿Te complace? Vive. ¿No te complace? Te está permitido volver al lugar de donde viniste» (26, 15). No siempre se tiene ocasión de elegir, pero parece razonable que, si las circunstancias fuerzan a ello, se elija la muerte que menos sufrimiento comporte. Así que el suicidio no solo proporciona la libertad de salir de la vida, sino también otorga la posibilidad de elegir la mejor forma de morir. Recuerda Séneca en esta última carta la muerte ejemplar del bárbaro que en la naumaquia se clavó entera en su cuello la lanza que había recibido para luchar contra sus contrincantes. Sin duda, no podía haber forma más inteligente de denunciar un espectáculo tan vergonzoso; aquel bárbaro sí merecería hoy un monumento: su muerte constituyó un bello espectáculo, porque, como dice Séneca, «es más honesto que los hombres aprendan a morir que a matar» (26, 26).

En diferentes pasajes Séneca invita a su corresponsal a salir al encuentro de la muerte. No entiende el manido concepto de «muerte natural». En su opinión, el suicidio es una muerte tan natural como otra cualquiera, solo que en este caso es el propio individuo el que elige el momento y la forma de su muerte.

Sin embargo, no sería justo decir que los estoicos favorecían el suicidio. Simplemente, trasmiten los aspectos positivos que podía tener tal contingencia. En coherencia con otros puntos de su doctrina opinaban que, si no había razones para temer la muerte del cuerpo y era un error aferrarse a la vida, parecía consecuente apreciar las ventajas que puede suponer salir de ella en determinadas circunstancias, como si tal posibilidad fuera, además, un don de la divinidad, que, de esta manera, demostraba ocuparse de los seres que había creado para que no tuvieran que padecer más de lo necesario. Un aspecto fundamental de su perspectiva sobre el tema es el rechazo del suicidio pasional o impulsivo, pues es una decisión que debe tomarse en circunstancias extremas que así lo aconsejen, sin precipitación, sin sentirse arrastrado hacia la muerte (30, 15). A veces, incluso, será meritorio conservar la vida en situaciones adversas, por ejemplo, cuando la responsabilidad por las personas que amamos nos impida disponer libremente de ella; tal como el anciano de la Epístola 98, que a pesar de su mala salud y de su edad avanzada, sigue viviendo para ayudar a los demás, porque «considera tan vergonzoso huir de la muerte, como refugiarse en ella» (98, 16).

Otra de las causas del miedo a la muerte que Séneca rebate en sus cartas es la idea, bastante extendida, de que después de fallecer exista la posibilidad de tener sufrimientos como los que hemos tenido en vida o todavía peores. En su opinión, la muerte significa la insensibilidad y asegura conocer qué ocurre cuando morimos: «Será después de mí lo que fue antes de estar vivo» (54, 4), pues nos equivocamos al pensar que la muerte solo viene a continuación, cuando también nos ha precedido.

No parece que tenga mucho éxito en nuestros días la enseñanza de Séneca sobre la necesidad de partir de la vida con ánimo sereno cuando llegue la hora. Cierto que algunas personas consiguen salir así de la vida, pero no es lo más frecuente; algo esperable cuando la instrucción que recibimos es tan contraria a lo que los estoicos defendían con tantos argumentos. Hasta las religiones que prometen una vida futura más allá de la muerte, plena de dicha, están perdiendo terreno frente a la continua revalorización de la vida. El ansia de vivir continúa con su inmoderado avance.

Así que tener presente la muerte no es tarea fácil, por más que sea algo que también nos puede ayudar a morir con dignidad, «morir de buen grado», como dice Séneca (61, 2). No sabemos cuándo ha de llegar ese final, ni siquiera si estamos lejos o cerca de él; por eso es necesario estar preparado. Dice nuestro filósofo que vencer a la muerte tiene más mérito que vencer a Cartago, aunque, siguiendo su propio discurso, quizá no se trate tanto de vencerla como de aliarse con ella (24, 11). Está en nuestro poder contemplarla como un buen aliado, como un refugio o al menos como un retiro en el que descansar del ajetreo de la vida. Así, al menos, era como él la veía, como «el puerto, que alguna vez hay que buscar, nunca rehuir» (70, 3).

De manera que la muerte nos libera del cuerpo y nos proporciona libertad para evadir la desdicha. Nada hay más seguro en el trajín de la existencia humana, si uno puede afrontar cualquier situación sabiendo que le queda ese último refugio (99, 9). A Lucilio enfermo le prescribe «despreciar la muerte, no solo como remedio de la enfermedad sino de la vida entera» (78, 5).

Defendían los estoicos, como los epicúreos, que lo que parece morir, en realidad, solo se transforma. Este proceso natural también fue utilizado por Séneca y sus compañeros de doctrina para paliar el miedo de los racionales a la muerte: si nada se extingue en nuestro mundo, si cuanto desfallece vuelve a levantarse, entonces también los hombres que desaparecen volverán a resurgir de un modo u otro; por tanto, si vamos a regresar deberíamos partir con mejor ánimo (36, 10-11). El cuerpo no muere, solo se transforma, pero ¿qué ocurre con el alma? Y es en este punto donde apreciamos sus profundas dudas. Nuestro autor quería creer que el alma sobrevive al cuerpo, pero vacila: puede que la muerte solo sea una liberación de la carga que supone el cuerpo o puede que signifique nuestra completa aniquilación (24, 18). En este caso, en el que no quería creer, se nos arrebatarían los bienes, pero también los males; pero si el alma subsiste, entonces el último día será el del nacimiento para la eternidad, y en la epístola 102 prefigura con ferviente misticismo el reencuentro del alma con los dioses.

Séneca quería alcanzar ese momento único en el que supiera que había vivido lo suficiente para poder decirse a sí mismo: «Satisfecho aguardo la muerte» (61, 4). Quizá entonces habría alcanzado una de sus máximas aspiraciones: construir la vida a la inversa, sin temor a la muerte y teniendo en cuenta su presencia. Quizá ello nos permitiría disfrutar mejor de las cosas buenas que tiene la existencia, pero de manera muy distinta: la literatura y la voz popular hablan con admiración de los personajes apasionados «que se beben la vida», pero casi nunca se refieren a los que saben degustarla con sensatez.

NOTAS A LA PRESENTE EDICIÓN

He seleccionado para esta edición las veintidós cartas que tratan el tema de la muerte. Su intención prioritaria es eliminar en los posibles lectores el pánico a morir; que Lucilio y cualquiera de nosotros fuésemos capaces de vivir sin miedo a morir; una tarea ciertamente difícil, y que en ningún caso puede acabarse con la lectura de sus epístolas, pues requiere, como poco, una continuada reflexión.

La muerte es, sin duda, uno de los temas principales en toda la obra de Séneca y en *Cartas a Lucilio*; así que hay otras cartas en las que también se alude al tema, pero de forma circunstancial, con otros asuntos como propósito fundamental de la epístola. Nos ha parecido que su posible inclusión en esta selección podía confundir o despistar al lector más que ayudarle a comprender la novedosa visión de la muerte que Séneca intenta trasladarnos; por eso hemos seleccionado únicamente esas cartas en las que la muerte era motivo central.

En la traducción seguimos la edición crítica de L. D. Reynolds, la que cuenta entre los especialistas con la mejor reputación.[18] Solo nos separamos de ella en la

---

18 L.D. Reynolds, L. Annei Senecae. *Ad Lucilium epistulae morales*, Oxford University Press, 1965.

puntuación, que hemos intentado acomodar a los usos habituales de la prosa castellana.

Cada una de las cartas va precedida de una breve introducción, cuyo propósito es contextualizar su contenido para facilitar la lectura. Las notas a pie de página tienen idéntico objetivo: aclaran o informan sobre conceptos, instituciones o personajes de la antigua Roma mencionados por el autor.

En la traducción he intentado traicionar lo menos posible el magnífico latín de Séneca, pero respetando el ritmo imprescindible para una fácil lectura en castellano; a veces —lo confieso— me ha sido imposible mantener la parataxis continua del maestro cordobés: ese estilo entrecortado que, a la vez que dice, invita a su interlocutor a suponer o imaginar. Lo he mantenido siempre que me ha sido posible, pero en ocasiones me parecía demasiado alejado de nuestros hábitos. De todos modos, y afortunadamente, Séneca es autor universal en tiempo y espacio, y su claridad de exposición, singular en un filósofo, ayuda también a sus traductores.

Leo mi traducción y me doy cuenta de la distancia entre su latín y mi castellano y, a pesar de ello, no puedo dejar de valorar mi voluntarioso empeño. Me conformaré si he sido capaz de trasladar solo una parte de su inimitable talento.

LIBRO I

EPÍSTOLA I

SÉNECA A SU QUERIDO LUCILIO. SALUD

Sobre el valor del tiempo, «el único bien que nos ha proporcionado la naturaleza». Un bien fugaz que el ser humano no sabe apreciar y tiende a malgastar. Séneca exhorta a Lucilio a aprovechar bien cada momento y le recuerda que cada día, cada hora que pasa, morimos un poco. Séneca sabe que él mismo no ha hecho un aprovechamiento correcto de su tiempo; su amor por los placeres le hace malgastarlo, pero al menos es consciente de que lo pierde y por qué. No le queda mucha vida, pero se conforma con lo que le queda. Sin embargo, aconseja a Lucilio que cuide bien de su tiempo y se aplique a ello con presteza, pues las horas vuelan y desconocemos la fecha de la muerte; por eso trae a colación el dicho de sus antepasados: «Tardío ahorro es el del fondo del vaso»; no es inteligente empezar a condurar la bebida, cuando solo nos queda el fondo del vaso.

(1) Hazlo así, mi querido Lucilio, reivindícate a ti mismo y reúne y conserva el tiempo que hasta ahora o se perdía

o te era arrebatado o desaparecía. Convéncete de que esto es tal como te lo escribo: algunos momentos se nos roban, otros se van y algunos se disipan. Sin embargo, es muy vergonzosa la pérdida que se produce por negligencia. Y, si quieres saber, gran parte de la vida se escapa obrando mal; la más importante, no haciendo nada; y toda entera, haciendo lo que no corresponde.

(2) ¿Quién puedes decirme que ponga algún precio al tiempo?, ¿quién que valore el día?, ¿quién que comprenda que morimos diariamente? Nos equivocamos en esto: vemos la muerte a lo lejos y gran parte de ella ya ha pasado; lo que de la vida queda atrás, lo retiene la muerte. Así pues, Lucilio mío, haz lo que escribes que haces, abraza todas las horas; así ocurrirá que, si hoy te pones manos a la obra, no estés pendiente del mañana. Mientras diferimos nuestras decisiones, la vida pasa. (3) Todas las cosas, Lucilio, nos son ajenas, solo el tiempo es nuestro; la naturaleza nos concedió la posesión de este único bien, fugaz y escurridizo, del cual quien quiere coge una parte. Y es tan grande la estupidez de los mortales que las cosas nimias y muy viles, fáciles de reponer, toleran que cuando las consiguen les sean cargadas en cuenta, ninguno que recibe tiempo juzgará que él ha recibido algo, siendo así que esto es lo único que ni siquiera el agradecido puede devolver.

(4) Te preguntarás quizá qué hago yo que te aconsejo a ti estas cosas. Lo confesaré sinceramente: lo que hace un amante del lujo, pero cuidadoso, pues llevo la cuenta de mis gastos. No puedo decir que no pierda nada, pero puedo decir qué pierdo y por qué y cómo; podría

decirte las causas de mi pobreza. Pero me ocurre a mí como a la mayoría de los que se ven en la indigencia por su propio vicio: todos les disculpan, nadie les socorre.

(5) ¿Por qué digo esto? No considero pobre a quien tiene suficiente con lo poco que le queda; sin embargo, prefiero que conserves tus bienes y empezarás en el momento adecuado. Pues, como pareció a nuestros mayores, «tardío ahorro es el del fondo del vaso»; ciertamente, en el fondo no solo queda poco, sino lo peor.[1]

Que sigas bien.

---

[1] En *Los trabajos y los días* de Hesíodo encontramos un proverbio muy parecido: «El ahorro que se hace de lo que hay en el fondo del vaso resulta inútil» (369).

EPÍSTOLA 4

SÉNECA A SU QUERIDO LUCILIO. SALUD

*Insta Séneca a Lucilio a perseverar en los estudios filo-
sóficos hasta que consiga despojarse de la inmadurez
propia de cualquier hombre. Si continúa con sus estudios podrá liberarse de los miedos. Particularmente, del
miedo a la muerte, que, según dice, «o no llega o pasa
de largo». La filosofía enseña a menospreciar la vida y
a apartar el temor a la muerte para alcanzar la tranquilidad. Los hombres que se quitan la vida por cuestiones
menores demuestran hasta qué punto puede ser menos-
preciada, y resulta absurdo temer algo como la muerte,
que ha alcanzado a los más poderosos y que cualquiera
puede ejecutar con solo proponérselo: «Cualquiera que
desprecia su vida es dueño de la tuya». Séneca termina
la carta con una cita de Epicuro que exhorta a no tener
miedo tampoco a la pobreza.*

Persevera como empezaste y progresa cuanto te sea posible para que puedas disfrutar durante mucho tiempo de un espíritu curado y bien ordenado. Disfrutarás

también mientras te curas, también mientras te ordenas: sin duda, es de otra clase el placer que se experimenta cuando contemplas tu alma purificada de toda mancha y resplandeciente. (2) Seguro que te acuerdas de cuánta alegría sentiste cuando, después de la pretexta, fuiste llevado hasta el foro con la toga viril:[1] una alegría mayor te espera cuando depongas el espíritu infantil y te inscribas entre los hombres gracias a la filosofía. Hasta entonces, ciertamente, no permanece en nosotros la infancia, sino, lo que es más grave, la puerilidad. Y esto, sin duda, es peor, porque tenemos la respetabilidad de los ancianos, pero los vicios de los adolescentes, y no solo de los adolescentes, sino de los niños. Aquellos tienen temores leves; estos, imaginarios; nosotros, unos y otros.

(3) Progresa ahora. Comprenderás que algunas cosas deben ser menos temidas precisamente porque infunden mucho temor. Ningún mal es grande si es el último. La muerte viene hacia ti: habría que temerla si pudiera permanecer contigo, pero necesariamente o no llega o pasa de largo.

(4) «Es difícil», dices, «llevar el ánimo hacia el menosprecio de la vida». ¿No ves con qué causas tan insustanciales se la menosprecia? Uno cuelga de la horca ante las puertas de su amiga, otro se precipita desde el

---

1 Momento particularmente solemne para un romano, cuando cambiaba la toga pretexta, la de los adolescentes, adornada con una franja roja, por la toga viril, completamente blanca. El adolescente se convertía a partir de ese momento en un hombre con obligaciones ciudadanas.

tejado para no escuchar durante más tiempo a un amo encolerizado, otro se clava un puñal en las entrañas para no ser devuelto de la huida. ¿No crees que la virtud pueda conseguir lo que consigue un temor excesivo? No alcanza una vida tranquila quien piensa demasiado en la manera de prolongarla, quien enumera muchos cónsules[2] entre sus grandes bienes.

(5) Para que puedas dejar la vida con ánimo sereno piensa esto diariamente: cuántos se mantienen y abrazan a ella como los que se agarran a los zarzales y las rocas en medio de las aguas embravecidas. La mayoría fluctúa infeliz entre el miedo a la muerte y las angustias de la vida y no quieren vivir; morir no saben. (6) Así pues, hazte la vida agradable apartando toda preocupación por la muerte. Ningún bien ayuda a quien lo posee, si no ese para cuya pérdida el espíritu está preparado. La pérdida de ninguna cosa es más fácil que esa que, una vez se ha perdido, no puede ser deseada. Por tanto, aliéntate y endurécete contra estas cosas que pueden ocurrir incluso a los más poderosos. (7) Un impúber y un eunuco decidieron sobre la cabeza de Pompeyo.[3] Sobre la

---

2   Los romanos fechaban los acontecimientos con el nombre de los dos cónsules, magistratura que se elegía anualmente. Por ejemplo, *Pompeio Crassoque consulibus*, «siendo cónsules Pompeyo y Craso». Quien contaba muchos cónsules había vivido muchos años.

3   Después de la batalla de Farsalia, Pompeyo, derrotado por Julio César, buscó refugio en Egipto, donde fue asesinado a traición por órdenes del rey Ptolomeo XIII, entonces un impúber, por consejo del eunuco Potino, su tutor.

de Craso, el parto cruel y soberbio.[4] Gayo César ordenó a Lépido que ofreciese su cerviz al tribuno Dextro y él mismo ofreció a Quereas la suya;[5] a nadie la fortuna favoreció hasta tal punto que no le otorgase tantas amenazas cuantas concesiones le había hecho.

No confíes en esta calma; el mar se da la vuelta en un instante; en el mismo día fueron engullidos navíos en el lugar en que antes se habían divertido. (8) Piensa que no solo el ladrón o el enemigo pueden llevar la espada contra tu garganta; cuando falta una autoridad de mayor rango, cualquier siervo tiene sobre ti derecho de vida y muerte. Así lo digo: cualquiera que desprecia su vida es dueño de la tuya. Repasa los ejemplos de esos que perecieron por asechanzas domésticas, bien por violencia manifiesta, bien por traición. Encontrarás que no han caído menos por la ira de los esclavos que por la de los reyes.

Así pues, ¿qué te importa cuán poderoso sea quien temes, cuando esto por lo que temes cualquiera lo puede hacer? (9) Y si por azar cayeses en manos del enemigo, el vencedor te llevará a la muerte, allí adonde ya eres conducido. ¿Por qué tú mismo te engañas y comprendes ahora por primera vez lo que hace tiempo sufres?

---

4   Craso, miembro del conocido como «primer triunvirato» (Pompeyo, César y Craso), murió en la batalla de Carras, luchando contra los partos. También víctima de una traición.

5   Gayo César, Calígula, ordenó a Emilio Lépido entregarse a la muerte, tras haberle acusado de preparar un complot contra su persona. El mismo Calígula murió asesinado traidoramente por Quereas, un tribuno militar.

Así lo digo: desde que naciste eres llevado a la muerte. Hay que dar vueltas en nuestro espíritu a estas cosas y a otras de este tipo si queremos esperar tranquilos aquella hora suprema, por miedo a la cual resultan inquietas todas las demás.

(10) Pero, para poner fin a la carta, escucha la frase que hoy me complace; también ha sido tomada de jardines ajenos:[6] «Tiene grandes riquezas la pobreza organizada según la ley natural». ¿Sabes acaso qué límites nos impone aquella ley de la naturaleza? No pasar hambre, no tener sed, no pasar frío. Para alejar el hambre y la sed no es necesario residir en soberbios umbrales ni tener un ceño arrogante ni un carácter despreciativo, no es necesario desafiar los mares ni marchar a los campamentos, lo que la naturaleza reclama es fácil de conseguir y apropiado. (11) Se persiguen las cosas inútiles. Esas son las que desgastan la toga, las que nos hacen envejecer bajo la tienda de campaña, las que nos empujan a litorales lejanos; a la naturaleza le basta lo que es suficiente. Es rico quien hace un buen acuerdo con la pobreza.

Que sigas bien.

---

6   Alusión al Jardín de Epicuro, escuela no solo ajena, sino rival de la estoica.

EPÍSTOLA 12

SÉNECA A SU QUERIDO LUCILIO. SALUD

Llega Séneca a su finca de recreo y observa el mal esta-
do en que se encuentra, reflejo de su propia ancianidad.
Reprocha al capataz sus descuidos, pero este responde
que la ruina es producto del paso del tiempo. Cerca se
encuentra un esclavo, ya envejecido y desdentado al que
de pequeño Séneca tenía gran afecto, pero al que ahora
ya no reconoce. Sin embargo, nuestro filósofo elogia las
ventajas de la vejez: las pasiones se atenúan y se disfru-
tan más los pequeños placeres. Objeta Lucilio la proxi-
midad de la muerte y Séneca responde que nadie es tan
anciano que no pueda aspirar a vivir un día más y en un
solo día pueden ocurrir las mismas cosas que en toda
una vida. Termina Séneca la carta citando, como en otras
ocasiones, a Epicuro. La cita sirve a Séneca para recor-
dar que el suicidio es la máxima expresión de la liber-
tad del hombre.

A donde quiera que mire, veo pruebas de mi ancianidad.[1] He venido a mi quinta de las afueras para lamentar los gastos de un edificio en ruinas. Dice el capataz que no es achacable a su negligencia, que él ha hecho todo, pero que la villa es vieja. Esta villa creció conmigo, ¿qué futuro me espera, si las piedras de mi misma edad están en un estado tan lamentable? (2) Enfadado, no dejo pasar la próxima ocasión de abroncarle. «Es evidente», dije, «que estos plátanos están desatendidos; no tienen hojas. ¡Qué ramas tan nudosas y retorcidas! ¡Qué troncos tristes y escuálidos! Esto no habría ocurrido si alguien hubiera cavado alrededor, si hubiera regado». Jura por mi genio[2] que él se ocupa de todo y no se despreocupa de nada, pero que los árboles están viejos. Que quede entre nosotros: yo los había plantado y había visto crecer sus primeras hojas. (3) Me vuelvo hacia la puerta. «¿Quién es este», digo, «¿este decrépito colocado con razón junto a la puerta? Ciertamente, mira hacia fuera.[3] ¿De dónde has sacado a este? ¿Qué gusto ves en cargar

---

1 La carta se fecha en el año 62, Séneca debía de tener alrededor de 65 años.

2 Según las creencias de los antiguos romanos, el *genius* era una divinidad protectora particular de cada persona. Le acompañaba durante toda la vida, hasta el momento de su muerte. El cumpleaños era el día del año consagrado a tal divinidad y era costumbre que los esclavos jurasen por el genio de su amo.

3 Ironiza Séneca con el aspecto avejentado del esclavo, que casi parece muerto. En las ceremonias fúnebres de los romanos la pira funeraria se colocaba en el atrio de la casa, con los pies del muerto mirando hacia la puerta.

con un muerto ajeno?». Entonces, el aludido: «¿No me conoces?», dice. «Yo soy Felición, a quien solías regalar figuritas;⁴ soy hijo del capataz Filosofito, tu predilecto». «Perfecto», digo para mí, «este delira»; «¿el nene se ha convertido incluso en mi predilecto?». Puede ser, desde luego, se le han caído todos los dientes.⁵

(4) Le debo a esta quinta mía que mi senectud se me aparezca adonde quiera que mire. Abracémosla y amémosla. Está llena de placer si sabes servirte de ella. Las manzanas están riquísimas cuando ya se pasan; el máximo encanto de la infancia está en su final; a los aficionados al vino les deleita la última copa, esa que les sumerge, la que pone una última mano en la embriaguez; (5) todo placer difiere para el final lo que tiene en sí más agradable.

Agradabilísima es la edad provecta, no todavía decrépita, incluso la que se sostiene en la última teja⁶ creo que tiene sus propios placeres; o bien es esto lo que ocupa el lugar de los placeres: no necesitar ninguno. ¡Cuán dulce es agotar las pasiones y abandonarlas!

---

4   Era costumbre regalar a los niños figuras de terracota, sobre todo en las Saturnales, festividad romana que se celebraba en fechas parecidas a las actuales Navidades. Es muy probable que este sea el origen de las figuras de nuestros belenes.

5   Séneca, malhumorado, hace gala del proverbial humor avinagrado (*Italum acetum*) de los romanos. El esclavo está desdentado como un bebé.

6   *Aetatem in ultima tegula stantem.* Expresión de interpretación discutida. Probablemente, la metáfora compara la edad provecta que se agarra a los últimos suspiros de vida con el edificio en ruinas que se sostiene en la última teja.

«Es molesto», objetas, «tener la muerte delante de
los ojos». (6) Te contesto, en primer lugar, que esta debe
estar tan delante de los ojos del anciano como de los del
joven; después, que ninguno es tan anciano que malamen-
te espere un solo día. Un día es un peldaño de la vida.
Toda la existencia consta de partes y tiene órbitas mayores que rodean a otras más pequeñas; hay alguna que
rodea y ciñe todas (esta se extiende desde el nacimiento
hasta el último día); hay otra que excluye los años de la
adolescencia; y la que encierra en su ámbito toda la infancia; después está el año que contiene en sí todos los
tiempos, de cuya multiplicación se compone la vida; el
mes se encierra en un círculo más estrecho; el día tiene
un giro estrechísimo, pero este también llega desde el
comienzo al final, del nacimiento al ocaso.

(7) Por eso Heráclito, a quien dio sobrenombre la oscuridad de su discurso,[7] dice que un día es igual a todos.
Esto cada uno lo interpretó de modo diferente. Uno dijo
que era igual por las horas y no mintió. Pues, si el espacio
del día son veinticuatro horas, necesariamente todos los
días son iguales entre sí, puesto que la noche tiene lo que
ha perdido el día. Otro dijo que un día es igual a todos por
la semejanza, pues nada hay en un espacio de tiempo más
largo que no puedas encontrar en un solo día: la luz y la
noche; y en los cambios estacionales del mundo esta suele
cambiar, unas veces es más breve y otras, más prolongada.

------

7   Heráclito de Éfeso, filósofo presocrático del siglo VI a. C., popu-
larmente conocido como Heráclito el Oscuro.

(8) Así pues, cualquier día ha de ser organizado como si cerrara la marcha y consumiera y completara la vida. Pacuvio, que en la práctica se adueñó de Siria,[8] tras haber realizado los rituales fúnebres con el vino y las comidas preceptivas, era llevado desde la cena al dormitorio entre los aplausos de los depravados, mientras cantaban con acompañamiento musical: «*Bebíotai, bebíotai*».[9] No hubo día que no fuera trasladado de este modo. (9) Esto que él hacía con mala conciencia, hagámoslo nosotros con buena intención, y cuando nos vayamos a dormir digamos contentos y divertidos: «He vivido y completado la carrera que la fortuna me había dado».[10]

Si Dios añade un mañana, recibámoslo alegres. Es muy feliz y seguro dominador de sí mismo el que espera el día de mañana sin inquietud; el que cada día dice «he vivido» obtiene una ganancia.

(10) Pero debo ya terminar la carta. «Entonces», dices, «¿llegará sin ningún regalillo para mí?». No temas: lleva algo consigo. ¿Por qué digo algo? Mucho. ¿Qué hay, ciertamente, más brillante que esta frase que le entrego para que la lleve hasta ti? «Es malo vivir por obligación, pero

---

8   Pacuvio fue un legado imperial del emperador Tiberio que gobernó la provincia de Siria despóticamente, como si fuera de su propiedad.

9   Hace referencia al ritual del enterramiento que precedía en las casas romanas a la cremación del cadáver. *Bebíotai* significa en griego «la vida ha terminado».

10   Verso de la *Eneida* de Virgilio (IV 653); lo pronuncia Dido momentos antes de suicidarse.

no hay ninguna obligación de vivir por obligación». ¿Por qué no hay ninguna? Por todas partes se abren vías hacia la libertad, cortas y fáciles. Demos gracias a Dios porque ninguno puede ser retenido en la vida: es lícito pisotear esas obligaciones. (11) «Epicuro lo ha dicho», respondes, «¿qué tienes que ver tú con un extraño?». Lo que es verdad es mío. Perseveraré en imponerte a Epicuro, para que estos, que juran al dictado y no estiman qué se diga sino por quién, sepan que las cosas buenas son de todos.

Que sigas bien.

LIBRO III

EPÍSTOLA 24

SÉNECA A SU QUERIDO LUCILIO. SALUD

Lucilio está atemorizado por un proceso judicial del que puede derivarse una grave condena para él. Séneca intenta tranquilizarlo como es propio de un estoico: cualquier cosa que ocurra debe ser aceptaba como buena. Ni la muerte, ni los tormentos, ni el exilio son propiamente males. Recuerda nuestro autor varios ejemplos de hombres virtuosos que se enfrentaron con dignidad y valor al destierro o a la muerte y que, llegado el caso, supieron salir de la vida para burlar a la fortuna y sus afrentas. No existe ningún infierno y cada día que pasa morimos un poco, como el propio Lucilio expresó en uno de sus versos. Termina la carta aludiendo a la rutina del acontecer diario que se repite sin cesar y provoca en muchas personas el tedio de vivir.

Escribes que estás preocupado por el desenlace de un juicio, porque el furor de un enemigo te amenaza. Piensas que yo voy a aconsejarte que imagines lo mejor para ti y que descanses en una confortable esperanza. Ciertamente, ¿qué necesidad hay de perder el tiempo presente por

miedo al futuro y de convocar a las desgracias, bastante
es asumir que pronto habrá que sufrirlas, si es que llegan?
Es sin duda estúpido que, porque vayas a ser desgraciado
algún día, seas ya desgraciado. (2) Pero yo te conduciré a
la serenidad por otra vía: si quieres echar fuera toda preocupación, imagina que aquella desgracia va a ocurrir indefectiblemente, valora contigo mismo aquel mal, sea el
que sea, y evalúa tu propio temor. Comprenderás enseguida que lo que temes o no es importante o no es duradero.

(3) No tardarás mucho tiempo en reunir ejemplos
que te alienten: cualquier época los ofrece. En cualquier
pasaje de nuestra historia o de la externa que recuerdes,
se te presentarán personalidades de gran valor y energía.
¿Acaso, si fueses condenado, puede ocurrirte algo más
duro que ser desterrado o conducido a la cárcel? ¿Acaso
algo debe ser más temido por alguien que ser quemado
o ejecutado?

Analiza casos singulares y convoca a quienes los me-
nospreciaron, más que buscarlos trabajosamente te verás
obligado a seleccionarlos. (4) Rutilio soportó su condena como si nada molesto le hubiera ocurrido, excepto
que se le hubiese juzgado injustamente.[1] Metelo soportó

---

1   Se trata de Publio Rutilio Rufo, cónsul el año 105 a. C., acusado, injustamente al parecer, de malversación de fondos públicos y condenado a la pena de destierro. En protesta por la injusticia cometida
contra él nunca más regresó a Roma, a pesar de los requerimientos de
Sila, dictador plenipotenciario de la República por aquel entonces, a
quien resultaba arriesgado no obedecer (*vid.* Valerio Máximo, *Hechos
y dichos memorables*, II 10, 5).

el exilio con fortaleza,[2] Rutilio incluso con agrado; uno se preparó para volver a la República, otro negó su regreso a Sila, a quien nada entonces se negaba. Sócrates pensó en salir de la cárcel cuando hubo quienes le aseguraron la huida; no quiso y permaneció para quitar a los hombres el miedo a las dos cosas más duras, la muerte y la cárcel.[3]

(5) Mucio puso su mano en las brasas. Es penoso ser quemado, ¡cuánto más penoso si lo sufres haciéndolo tú mismo! Ves a un hombre, no instruido ni provisto de ningún otro precepto contra la muerte y el dolor, equipado solamente con la fortaleza de un militar, exigiéndose a sí mismo el castigo por su fallido intento; se mantuvo mirando su diestra deshaciéndose en el brasero enemigo y no apartó su mano derritiéndose con los huesos desnudos antes de que el fuego fuese alejado de ella por el propio adversario. Pudo hacer algo más afortunado en aquel campamento, pero nada más fuerte. Mira cuanto más capaz es la virtud de afrontar los peligros que la crueldad de imponerlos: más fácilmente Porsena perdonó a Mucio el

---

2   Quinto Cecilio Metelo, comandante de las tropas romanas en la guerra de Yugurta, narrada pormenorizadamente por Salustio. Tras la victoria romana, Metelo recibió el sobrenombre de Numídico. Sus desavenencias políticas con Mario, líder de los populares, le condujeron al exilio.

3   El comportamiento de Sócrates frente a su condena a muerte nos es bien conocido por el *Critón*, uno de los diálogos filosóficos de Platón. Es sobre todo conocida y muy citada la frase que pronunció en relación con sus verdugos: «A mí Ánito y Meleto pueden matarme, pero no perjudicarme», pues no consideraba que la muerte fuera un mal o un perjuicio.

que hubiera querido matarle que Mucio se perdonó a sí mismo no haberle matado.[4]

(6) «Estas», dices, «son historias que se cuentan en todas las escuelas; ahora, cuando hayas llegado al desprecio de la muerte, me hablarás de Catón».[5] ¿Cómo no te voy a hablar de él, leyendo el libro de Platón en aquella última noche,[6] tras haber colocado la espada junto a su cabeza? Había preparado estas dos herramientas en sus últimos momentos: una, para querer morir; la otra, para poder hacerlo. Así pues, tras arreglar las cosas —de la manera en que puede ser arreglado en los últimos momentos lo que está estropeado—, pensó que

---

4 Séneca se hace eco de una de las leyendas romanas de los primeros tiempos de la República más conocida. Porsena, dictador de la ciudad etrusca de Clusio, había sitiado Roma con sus tropas. Mucio burló el sitio y llegó al campamento etrusco con la intención de matar a Porsena. Falló en su intento y, apresado por el enemigo, para demostrar que no respondería a sus preguntas ni siquiera mediante tortura, puso su mano derecha sobre un brasero hasta que se quemó completamente. El dictador, admirado del valor de Mucio, no solo le perdonó su intento sino que levantó el sitio y se volvió a Clusio. A partir de entonces, Mucio recibió el sobrenombre de Escévola, el Zurdo, por razones obvias. *Vid.* Tito Livio, II 12-13.

5 El propio Séneca parece burlarse por boca de Lucilio de la cantidad de veces que se utilizaba la figura de Catón el Joven (95 a. C. -46 a. C.) como modelo de virtud. También es conocido como Catón de Útica, porque fue en esta ciudad del norte de África donde terminó sus días, quitándose la vida, tal como nos cuenta Séneca en esta carta. Se le llama Joven para distinguirlo de su antepasado Catón el Censor o Catón el Viejo (234-149).

6 Plutarco trasmite en su biografía de Catón que estaba leyendo el *Fedón*, tratado platónico que habla sobre la inmortalidad del alma.

debía hacer esto para que, o a nadie fuese lícito matar a Catón, o nadie tuviese la posibilidad de mantenerlo con vida. (7) Y, tras desenvainar la espada, que hasta aquel día había mantenido limpia de sangre, dijo: «Nada has conseguido, fortuna, poniendo obstáculos a todos mis proyectos. Nunca he luchado por mi libertad, sino por la de mi patria, y no actuaba con tanta constancia para vivir libre, sino para vivir entre ciudadanos libres: ahora, puesto que los asuntos del linaje humano son dignos de lamento, Catón será llevado a un lugar seguro».[7] (8) Después, infirió a su cuerpo una herida mortal; vendada esta por los médicos, con menos sangre y menos fuerzas, pero el mismo ánimo y encolerizado ya no solo con César sino consigo mismo, abrió la herida con sus manos desnudas, y no dejó salir, sino que expulsó aquel alma generosa y despreciadora de todo poder.[8]

---

7 Catón, defensor de las más rancias esencias republicanas, se situó en el lado de Pompeyo en la guerra civil que enfrentó a este con Julio César. Tras la derrota de las tropas pompeyanas en Farsalia, Catón se refugió en Útica con parte del ejército derrotado. Cuando se anunció la llegada de las legiones de César a la ciudad, muy superiores en número, Catón decidió suicidarse. Para él y para muchos otros romanos que pensaban de igual modo, la victoria de César significaba el fin de la libertad.

8 Catón era estoico y, por tanto, pensaba que la vida no debía ser retenida a cualquier precio. Si la fortuna le había sido tan esquiva que le llevaba a una situación extrema, lo procedente y más honorable era quitarse la vida, sin dar ocasión a que fuera otro quien decidiera sobre ella. En su *Farsalia* Lucano pone en boca de Catón estas últimas palabras: «Si a los dioses les place la causa de los vencedores, a mí me place la de los vencidos».

(9) No he amontonado ahora los ejemplos para ejercitar el talento, sino para animarte contra eso que te parece lo más terrible que pueda haber; te animaré más fácilmente si te muestro, no solamente a hombres fuertes que han despreciado el momento de expirar, sino también a algunos, temerosos para otras cosas, que han igualado el ánimo de los más fuertes en este trance, como aquel Escipión, suegro de Pompeyo, que arrastrado a África por un viento contrario, como viese que su nave era apresada por los enemigos, se atravesó con la espada y a los que preguntaban dónde estaba el comandante, les respondió: «El comandante se encuentra bien».[9] (10) Esta frase le hizo igual a sus antepasados y no permitió que se interrumpiera la gloria predestinada a los Escipiones en África.[10] Mucho fue vencer a Cartago, pero más vencer a la muerte. «El comandante», dijo, «se encuentra bien». ¿Acaso debía un comandante, además de Catón, morir de otro modo?

(11) No te remito a las historias ni reúno a los despreciadores de la muerte de todos los siglos, que son muchos. Mira estos tiempos nuestros, de cuya debilidad y molicie nos quejamos; surgirán hombres de toda clase, de toda fortuna, de toda edad, que cortarán sus

9   Este Escipión fue otro de los generales del ejército pompeyano en la guerra civil contra César. Tras Farsalia, fue derrotado por este en la batalla de Tapso (año 46 a. C.) y se suicidó.

10 Se refiere a Escipión el Africano, así llamado por su victoria sobre Aníbal en suelo africano en la batalla de Zama (202 a. C.), y a Escipión Emiliano, también llamado Africano, por ser el destructor de Cartago en la llamada tercera guerra púnica (año 146 a. C.).

desgracias con la muerte. Créeme, Lucilio, no solo no debemos temer la muerte, sino agradecer que por su beneficio nada debemos temer. (12) Así pues, escucha tranquilo las amenazas de tu enemigo y, aunque tu conciencia te aporte confianza, puesto que tienen peso muchas cosas externas al proceso, espera lo que es más justo y prepárate para lo que es injustísimo. Recuerda ante todo aquello: separar el ruido de los hechos y ver qué hay en cada asunto. Sabrás que nada terrible hay en ellos, sino el propio temor.

(13) Lo que ves que ocurre a los niños, esto mismo nos ocurre a nosotros, niños mayorcitos. Aquellos se asustan si esos a los que aman, a quienes están acostumbrados, con quienes juegan, se ponen una máscara. No hay que quitar la máscara solo a los hombres, sino también a las cosas y devolverles su auténtica faz.

(14) ¿Por qué me muestras espadas y fuegos y la turba de verdugos bramando alrededor de ti? Quítate esta pompa bajo la que te escondes y atemorizas a los tontos: eres la muerte, la que recientemente un esclavo mío despreció, la que despreció una esclava. ¿Por qué me hablas de nuevo con tanto artificio de látigos y de potros? ¿Por qué, de cada una de las máquinas preparadas para cada articulación con las que se tortura y de los mil instrumentos de desgarrar a pedazos a los hombres? Aparta estas cosas que nos llenan de estupor; ordena callar los gemidos, los gritos y la cruel exclamación de las palabras que surgen en medio de la laceración; eres el dolor, ciertamente, al que desprecia el enfermo de gota, el que sobrelleva el enfermo del estómago en medio de los placeres, al que

desafía una muchacha en medio del parto. Eres suave si te puedo soportar; eres breve si no puedo soportarte.

(15) Revuelve en tu mente estas cosas que a menudo has oído y a menudo has dicho; pero comprueba con la práctica si las has oído realmente, si las has dicho sinceramente. Pues es muy vergonzoso esto que se nos echa en cara, que nos ocupamos de las palabras de la filosofía, no de las obras. ¿Qué? ¿Tú has sabido ahora por primera vez que la muerte está próxima o el destierro o el dolor? Has nacido para estas cosas; pensemos en lo que puede ocurrir como si fuera a ocurrir realmente.

(16) Sé con certeza que has hecho lo que te aconsejo hacer; ahora te advierto para que no dejes decaer tu ánimo por esta preocupación: se embotará y tendrá menos vigor cuando deba resurgir. Llévalo de una causa particular a otra más general; dile que tienes un cuerpecillo mortal y frágil, a quien amenazará no solo el dolor por la injusticia o por la violencia de los más poderosos, los mismos placeres se convierten en tormentos: los banquetes provocan indigestión; la embriaguez, embotamiento o temblor de los nervios; la lujuria, deformación de los pies, de las manos y de todas las articulaciones. (17) Me haré pobre: estaré entre la mayoría. Seré desterrado: pensaré que he nacido allí donde sea enviado. Seré encadenado: ¿y qué? ¿Acaso estoy suelto? La naturaleza me amarró a la pesada carga de mi cuerpo. Moriré: Esto es lo que dices: abandonaré la posibilidad de estar enfermo, abandonaré la posibilidad de ser encadenado, abandonaré la posibilidad de morir.

(18) No soy tan torpe como para exponerte aquí la cantinela de Epicuro y decirte que es absurdo el miedo

a los infiernos: que Ixión no da vueltas en la rueda, ni se empuja por la pendiente la roca en los hombros de Sísifo, ni se arrancan las entrañas de nadie ni pueden renacer diariamente.[11] Nadie es tan infantil que tema a Cerbero y las tinieblas y el atuendo espectral de quienes le acompañan con los huesos desnudos.[12] La muerte o nos consume o nos libera; liberados, queda lo mejor, una vez aliviada la carga; consumidos, no queda nada, los bienes e igualmente los males nos son arrebatados.

(19) Permíteme traer a este lugar un verso tuyo, no sin antes advertirte que no has escrito esto para otros sino también para ti. Es vergonzoso decir una cosa y pensar otra. ¡Cuánto más vergonzoso escribir una cosa y pensar otra! Recuerdo que en cierta ocasión trataste aquel conocido tópico, "que no caemos repentinamente en la muerte, sino que avanzamos minuto a minuto hacia ella". (20) Cada día morimos un poco; cada día se

---

11 Epicuro y sus seguidores intentaban refutar los miedos supersticiosos que provocaba la religión. Aquí alude Séneca a algunos de los suplicios que, según distintas leyendas, se padecían en el infierno: Ixión fue enviado al Tártaro por Júpiter tras haber intentado seducir a Juno. Allí fue atado con serpientes a una rueda incandescente que giraba eternamente. Sísifo fue castigado por su impiedad a empujar una piedra por una montaña que caía antes de llegar a la cima; un trabajo que se repetía eternamente. Las entrañas que renacían diariamente a las que alude Séneca eran las de Prometeo, castigado por haber robado el fuego a los dioses; encadenado a una roca, un águila le comía el hígado diariamente, pues este se reproducía sin cesar.

12 El can Cerbero, perro guardián de los infiernos del que conservamos retratos tenebrosos en distintos autores, iba a acompañado por una cohorte de esqueletos y calaveras.

nos priva de una parte de la vida, y entonces, incluso, cuando estamos creciendo, la vida decrece. Perdimos la infancia, después la adolescencia, después la juventud.

Todo el tiempo que ha transcurrido hasta ayer, está perdido; este día mismo que estamos pasando lo compartimos con la muerte. Igual que la última gota no vacía la clepsidra, sino las que antes han caído, la última hora, esa con la que sucumbimos, no procura la muerte, solo la consuma; entonces llegamos a ella, pero estamos yendo mucho tiempo. (21) Aunque has descrito estas cosas con el estilo que acostumbras, siempre sin duda admirable, nunca has sido tan brillante como cuando, acomodando tus palabras a la verdad, dijiste: «La muerte no viene de una vez, pero llamamos muerte a la que nos arrebata lo último». Prefiero que te leas a ti antes que mi carta; te darás cuenta de que esta muerte que tememos es la última, pero no la única.

(22) Veo a dónde miras: buscas qué podría introducir en esta carta, qué dicho animoso de alguien, qué precepto útil. Se te envía algo sobre el asunto que estamos tratando. Epicuro recrimina tanto a esos que desean la muerte como a aquellos que la temen, y dice: «Es ridículo correr hacia la muerte por tedio a la vida, cuando con tu género de vida has procurado la necesidad de correr hacia la muerte». (23) Igualmente, dice en otro lugar: «Qué puede haber más absurdo que desear la muerte, cuando te has fabricado una vida inquieta a causa del miedo a la muerte». Es conveniente que añadas estas sentencias a aquella del mismo estilo: que es tan grande la imprudencia de los hombres o mejor, la locura, que

algunos son empujados a la muerte por el temor a morir. (24) Con lo que saques de estas máximas, afirmarás tu espíritu para soportar la muerte o la vida; para una y otra necesitamos advertencia y apoyo, y para no amar la vida demasiado ni odiarla en exceso.

Incluso cuando la razón aconseja quitarse la vida, no ha de tomarse la decisión temerariamente y con precipitación. (25) El hombre fuerte y sabio no debe huir de la vida, sino salir de ella; y ante todo evitará esa inclinación que invade a muchos, el deseo de morir. Ciertamente, querido Lucilio, hay, como hacia otras cosas, una inclinación insensata del ánimo hacia la muerte, que a menudo se apodera de hombres generosos y de excelente índole, a menudo de los cobardes y perezosos: aquellos desprecian la vida, estos no la soportan.

(26) A algunos les abate la propia hartura de hacer y de vivir las mismas cosas y no el odio, sino el tedio de vivir, hacia el que nos deslizamos empujados por la misma filosofía, mientras decimos: «¿Hasta cuándo las mismas cosas? Sí, me despertaré, dormiré, comeré, pasaré frío y pasaré calor. Nada tiene fin, sino que todas las cosas, unidas en círculo, escapan y continúan; la noche empuja al día, el día a la noche, el verano deja sitio al otoño, al otoño le empuja el invierno, que es detenido por la primavera; todas las cosas pasan y vuelven. No hago nada nuevo, no veo nada nuevo: y esto a veces produce náuseas». Son muchos los que piensan que vivir no es penoso, sino innecesario.

Que sigas bien.

EPÍSTOLA 26

SÉNECA A SU QUERIDO LUCILIO. SALUD

Empieza Séneca a sentir los achaques de la vejez; experimenta algunos dolores corporales, pero su espíritu está fuerte e intenta apreciar las ventajas que también tiene la senectud. La proximidad de la muerte le invita a reflexionar sobre sus acciones a lo largo de la vida, sobre la sinceridad de sus reflexiones y propuestas. No teme enfrentarse al juicio final. Termina con consejos recurrentes en su obra y propios del estoicismo: no hay que temer a la muerte, hay que moderar el ansia de vivir y no se puede olvidar la posibilidad del suicidio, la que nos hace verdaderamente libres.

Recientemente te decía que tenía la vejez en el horizonte, ahora me temo que la he dejado detrás de mí. Otro es el vocablo que conviene a estos años y a este cuerpo, puesto que vejez es el nombre de la edad agotada, no de la aniquilada: debes contarme entre los decrépitos y los que están al borde del final.[1] (2) Con todo, a tu lado me

---

[1] No conocemos con exactitud el año de nacimiento de Séneca, así que no podemos saber con certeza cuántos años tenía, pero muy probablemente rondaba los 65.

siento agradecido conmigo mismo: no percibo la afrenta de la edad en mi ánimo como la siento en mi cuerpo.

Solo los vicios y los servidores de los vicios envejecieron; mi alma está fuerte y se alegra de no tener mucho trato con el cuerpo; ya ha soltado gran parte de su carga. Está exultante y discute mi opinión sobre la vejez: dice que para ella es el esplendor de la vida. Creámosla y que disfrute de su bien. (3) Me ordena entregarme a la reflexión y distinguir qué de esta tranquilidad y moderación de costumbres debo a la sabiduría y qué a la edad, y examinar lo que puedo y lo que no quiero hacer, para encontrarme como si me alegrase de no querer lo que no puedo hacer; ¿pues qué queja hay?, ¿qué inconveniente, si se acabó lo que debía terminar?

(4) «El mayor inconveniente», dices, «es mermar y perecer y, para decirlo con propiedad, diluirse. Pues no somos empujados y postrados súbitamente: se nos desgarra y cada día se lleva algo de nuestras fuerzas». ¿Qué salida mejor puede haber que deslizarse hacia el propio final por consunción natural? No porque sea algo malo el golpe y la salida precipitada de la vida, sino porque retirarse poco a poco es el camino más liviano. Ciertamente, yo, como si se aproximase el momento y hubiese llegado el día que ha de pronunciar sentencia sobre todos mis años, me contemplo y dialogo conmigo: (5) «Nada hay todavía», me digo, «que hayas mostrado con hechos o con palabras; son fútiles y falaces estos recursos de la mente y envueltos en vana palabrería: habrá que confiar a la muerte si hice algo de provecho. Así pues, no afronto con miedo ese día en que, apartados disfraces y

artificios, se ha de juzgar sobre mí: si hablo de lo que importa o lo siento, o acaso fue simulación o pantomima cuanto arrojé con obstinadas palabras contra la fortuna. (6) Deja a un lado el juicio de los hombres: siempre es cambiante y va de un lado a otro. Deja a un lado los estudios abordados a lo largo de tu vida: la muerte va a pronunciarse acerca de ti. Y me digo: las discusiones y los diálogos literarios y las palabras recogidas de los preceptos de los sabios y el discurso erudito no muestran el verdadero vigor del espíritu; ciertamente, hasta los más cobardes tienen audaces palabras. Entonces, se verá qué hayas hecho, cuando entregues el alma. Asumo la condición y no temo el juicio». (7) Hablo conmigo mismo estas cosas, pero considera que también las he hablado contigo. Eres más joven.[2] ¿Qué importa? No cuentan los años. Es incierto en qué lugar te espera la muerte; así pues, espérala tú en cualquier lugar.

(8) Ya quería dejarte y mi mano miraba al cierre, pero hay que pagar las deudas y hay que entregar el viático a esta carta. Imagina que no te digo de dónde voy a tomar el préstamo: sabes de qué caja suelo sacarlo.[3]

---

2   Por este y otros pasajes de la correspondencia entre ambos, los comentaristas han establecido una diferencia aproximada de diez años entre Séneca y Lucilio.

3   No siempre, pero en bastantes ocasiones, Séneca concluye sus misivas con una cita de algún filósofo relevante. Frecuentemente, son citas de Epicuro, por quien nuestro autor siente gran admiración. Entre estoicos lo normal sería que las citas fueran de autores de esta escuela, por eso vemos cómo en bastantes ocasiones Séneca parece obligado a justificar sus alusiones a Epicuro.

Espérame un poco y te haré el pago con recursos de nuestra casa; entretanto, Epicuro nos lo prestará, quien dice: «Medita en la muerte», o, por si este pensamiento puede llegar más fácilmente a nosotros: «Cosa sublime es aprender a morir».

(9) Quizás consideras inútil aprender algo que ha de usarse una sola vez. Esta es justamente la razón por la que debemos meditar en ello: siempre debe aprenderse aquello que no podemos probar si sabemos o no. (10) «Medita en la muerte». Quien dice esto exhorta a meditar en la libertad. Quien aprendió a morir desaprendió a ser esclavo; está por encima de todo poder, por encima ciertamente de todo. ¿Qué le importan la cárcel, la custodia y los cerrojos? Tiene la puerta abierta.[4] Única es la cadena que nos tiene amarrados: el amor a la vida, que, si no suprimido, debe ser disminuido, para que, si alguna vez la cosa lo exige, nada nos detenga o impida que estemos dispuestos a hacer al instante lo que algún día tendremos que hacer.

Que sigas bien.

---

4 *Liberum ostium habet.* Es la expresión corrientemente utilizada por los estoicos para referirse al suicidio, en las *Disertaciones* de Epicteto con particular frecuencia. La puerta está permanentemente abierta para salir de la vida. Y esa posibilidad es la máxima expresión de la libertad del hombre, por eso perder el miedo a la muerte supone «dejar de ser esclavo».

LIBRO IV

EPÍSTOLA 30

SÉNECA A SU QUERIDO LUCILIO. SALUD

Séneca ha ido a visitar a Aufidio Baso, ya muy ancia-no, y trasmite a Lucilio su admiración por la entereza con que soporta sus muchos años. La filosofía permite a Baso contrapesar su fragilidad corporal con una enco-miable energía espiritual y, además, afrontar la muerte sin temor, como algo inevitable y que no ha de causar ningún dolor o, en todo caso, efímero. Las palabras de Baso tienen mayor valor y más eficacia porque las pro-nuncia alguien que ya vislumbra la muerte. Quien llega al final de sus días tras una larga ancianidad debe irse agradecido a los dioses, como el que agotado alcanza el descanso. Pensar en la muerte es la mejor forma de per-derle el miedo.

He visto a Aufidio Baso,[1] hombre excelente, consumido
y luchando con la vida, pero ya es más lo que le pesa que
lo que puede soportar. La vejez se le ha venido encima
con toda su enorme carga. Sabes que él siempre fue de
cuerpo débil y enjuto; durante mucho tiempo lo ha mantenido y, para decirlo con exactitud, con cierta armonía;
de repente se ha venido abajo. (2) Igual que en la nave
que hace agua se tapan una o dos grietas, pero cuando
ha empezado a aflojar y a ceder ya no es posible soco-
rrer al navío resquebrajado, la debilidad en el cuerpo de
un anciano puede ser sostenida y apuntalada solo hasta
cierto punto. Como cuando se rompe toda la estructura en un edificio ruinoso, y unas cosas aguantan y otras
se caen, y solo te queda mirar en derredor cómo salir.
(3) Sin embargo, nuestro Baso tiene un espíritu jovial;
la filosofía proporciona esto: mostrarse contento ante la
mirada de la muerte, y fuerte y alegre sea cual sea el estado de nuestro cuerpo, y no desfallecer, aunque se esté
desfalleciendo. Un gran timonel navega con la vela ras-
gada y, si el navío se desmantela, ensambla los restos para
seguir el rumbo. Esto hace nuestro Baso y espera su propio fin con un espíritu y un semblante con el que consi-
derarías demasiado despreocupado esperar el fin ajeno.

------

1   Historiador romano que escribió al menos dos monografías
sobre la historia de Roma, una sobre el periodo que abarca desde la
muerte de Cicerón hasta la del emperador Claudio, y otra, más especí-
fica, sobre las guerras en Germania. Por lo que aquí nos cuenta Séneca,
también cultivó la filosofía y, con mayor probabilidad, fue seguidor de
Epicuro.

(4) Gran cosa es esta, Lucilio, a la que hemos de dedicar un largo aprendizaje: partir con ánimo sereno cuando se acerque aquella hora inevitable. La esperanza está presente en otros tipos de muerte: la enfermedad tiene un final, el incendio se extingue, un derrumbamiento permite vivir a los que parecía iba a aplastar; el mar devuelve incólumes a los que había hundido con la misma fuerza con la que los había engullido; el soldado apartó su espada de la cerviz que iba a cortar. Nada puede esperar ese a quien la vejez conduce a la muerte. Es el único tipo de muerte ante el que no hay vuelta atrás; con ningún otro los hombres mueren más suavemente, pero ningún otro es tan lento.

(5) Nuestro Baso me parecía moverse y comportarse y vivir como un superviviente de sí mismo, y soportar con sabiduría el duelo por él mismo. Dice, ciertamente, muchas cosas acerca de la muerte, y hace esto intencionadamente para persuadirnos a nosotros de que, si algún temor o infortunio hay en este asunto, es defecto del que muere, no de la muerte; no hay más molestia en ella de la que hay después de ella. (7) Tan insensato es el que teme lo que no ha de sufrir como el que teme lo que no ha de sentir. ¿O acaso alguien cree que puede ocurrir esto, que nos haga sentir algo justamente aquella gracias a la cual no sentimos nada? «Por tanto», dice, «la muerte está hasta tal punto fuera de todo mal que nos aparta incluso de cualquier temor a los males».

(8) Yo sé que estas cosas se han dicho frecuentemente y que frecuentemente deben decirse, pero no me fueron igualmente útiles cuando las leía, ni cuando las

escuchaba por boca de aquellos que estaban distantes de lo que decían no había que temer. Ciertamente, Baso tuvo mucha más autoridad ante mí, porque hablaba de una muerte cercana. Pues la muerte próxima da incluso a los más inexpertos ánimo suficiente para no evitar lo que es inevitable; como el gladiador, muy cobarde en todos los combates, ofrece su cuello al adversario y dirige contra sí mismo la espada temblorosa. Sin embargo, la muerte, que sin duda ha de llegar, pero está solamente en las proximidades, reclama una templada firmeza de espíritu que es más rara y que solo muestra el hombre sabio. (9) Así pues, escuchaba a aquel muy agradablemente, como si expresara su opinión sobre la muerte y cuál es la naturaleza de esta, indicando que la había analizado como algo muy cercano.

Más credibilidad, según creo, y más peso tendría ante ti alguno que hubiese revivido y contase que no había experimentado nada malo en la muerte. Sin embargo, qué conmoción conlleva la cercanía de la muerte te lo dirán mejor que nadie estos que se situaron muy cerca de ella, quienes la vieron venir y casi la acogieron. (10) Entre ellos se puede incluir a Baso, quien no quiso engañarnos. Dice este que es tan estúpido el que teme a la muerte como el que tema a la vejez; pues igual que la vejez sigue a la juventud, la muerte sigue a la vejez. Se niega a vivir quien no quiere morir, pues la vida nos ha sido dada con la restricción de la muerte y hacia ella se encamina. Por eso temerla es insensato, porque las cosas seguras se esperan, se temen las dudosas.

(11) La muerte contiene una necesidad equitativa y que no es posible vencer. ¿Quién puede quejarse de estar en esa condición a la que nadie puede escapar? La igualdad es la parte principal de la justicia. Pero es vano discutir ahora la razón de la naturaleza, que no quiso que nuestra ley fuera distinta de la suya: todo lo que ha formado lo descompone y lo que ha descompuesto lo vuelve a formar. (12) Por eso, si a alguno le ha correspondido que la vejez le haga salir con suavidad, no arrancado de la vida abruptamente sino llevado poco a poco, ¿acaso no debe dar gracias a todos los dioses porque harto ya de días ha alcanzado el descanso necesario para cualquier hombre y agradable para que está agotado? Ves que algunos anhelan la muerte y, ciertamente, con más deseo del que se suele reclamar la vida. No sabría decir quienes me dan más ánimos, si quienes reclaman con insistencia la muerte o quienes se entregan contentos a aquel reposo, porque aquello es en ocasiones producto de la rabia y de una indignación repentina y esto representa la tranquilidad a partir de un juicio sereno. Alguno llega a la muerte empujado por la ira, y ninguno la recibe contento cuando llega, a no ser que se haya preparado durante mucho tiempo para recibirla.

(13) Confieso que he ido a visitar a este hombre tan querido para mí por varias razones: para saber si en cada ocasión le iba a encontrar siendo él mismo o acaso había disminuido con las fuerzas del cuerpo el vigor de su espíritu; este crecía tal como la alegría de los aurigas se manifiesta con mayor claridad cuando en la séptima

vuelta se aproximan a la victoria.² (14) Decía, siguiendo
los preceptos de Epicuro, que él esperaba que no hubiese ningún dolor en aquel último aliento, que, en el caso
de que lo hubiese, albergaba cierto consuelo en su misma
brevedad, pues ningún dolor intenso es prolongado. Además, venía también en su auxilio que, en la separación
del alma y el cuerpo, si se produce con algún sufrimiento, después de aquel dolor no podía haber dolor. El fuego que encuentra materia combustible se apaga en ocasiones con agua y escombros, pero el que no tiene qué
consumir se apaga solo.

(15) Con agrado oigo estas cosas, mi querido Lucilio, no como quien escucha cosas nuevas, sino como
quien es colocado ante la realidad. ¿Y qué?, ¿no he visto a muchos quitarse la vida? Yo los he visto, en verdad,
pero tienen ante mí más crédito quienes van a la muerte
sin miedo a la vida y la aceptan sin ser arrastrados hacia ella. (16) Decía que aquel sufrimiento es obra nuestra, porque enseguida temblamos, cuando creemos que
la muerte está cerca; ¿de quién, en verdad, no está cerca, dispuesta como está en todos los lugares y en todos
los momentos? «Pero consideremos», dice, «cuando alguna causa de muerte parece aproximarse, cuánto más
cerca se encuentran otras que no se temen». Un enemigo
amenazaba de muerte a alguien, pero una indigestión se

---

2   En las carreras de cuadrigas del circo la séptima vuelta era la última. Séneca ve la muerte como la meta a la que se ansía llegar victoriosa-
mente y no como el escollo o el precipicio que hay que evitar a toda costa.

anticipó. (17) Si queremos distinguir las causas de nuestro miedo, encontraremos que unas son reales y otras lo parecen. No tememos la muerte, sino la idea de la muerte; de esta siempre estamos a la misma distancia. Si la muerte ha de ser temida, siempre debe ser temida, ¿qué tiempo de la vida está exento de la muerte?

(18) Sin embargo, debo temer que odies estas epístolas tan largas más que la muerte. Así pues, terminaré aquí. Pero tú piensa siempre en la muerte para que nunca la temas.

Que sigas bien.

SÉNECA A SU QUERIDO LUCILIO. SALUD

Un amigo de Lucilio ha decidido abandonar sus nego-
cios para dedicarse al estudio de la filosofía. Séneca pide
a Lucilio que le ayude a mantener esta decisión contra
todos aquellos que intentarán disuadirle. Que tenga una
edad avanzada no es obstáculo para seguir aprendiendo;
renunciar a la falsa prosperidad que proporcionan los
bienes mundanos le ayudará a alcanzar la tranquilidad.
Un objetivo fundamental en sus estudios debe ser no te-
ner miedo a la muerte, un propósito que requiere una
exigente preparación, al ser contrario a nuestros instin-
tos; le ayudará pensar que nada perece completamente,
que todo evoluciona y se transforma cíclicamente.

Alienta a tu amigo a despreciar con gran ánimo a estos que le reprenden porque ha buscado la sombra y el
reposo, porque ha dejado a un lado sus cargos y, aunque podía conseguir más, ha preferido la tranquilidad
a todo lo demás; diariamente mostrará a aquellos cuán
útilmente gestiona su tiempo. Estos individuos a los que

se suele envidiar no dejarán de sucederse: unos serán eliminados, otros morirán. La prosperidad es cosa inquieta; ella misma se estimula y cambia el cerebro de modos distintos. A cada cual le provoca una pasión singular: a estos, despotismo; a aquellos, lujuria; a estos los infla; a aquellos los ablanda y los deshace por completo. (2) «Sin embargo, hay quien lo lleva bien». Sí, como se lleva bien el vino. No tienes por qué creer que es feliz ese a quien muchos rodean, van hacia él como al lago que enturbian y luego desecan.

«Pero a mi amigo le llaman frívolo e incapaz». Sabes que algunos hablan con mala intención y dicen lo contrario de lo que piensan. Le llamaban afortunado. ¿Y qué? ¿Acaso lo era? (3) Tampoco me preocupo de que les parezca a algunos de espíritu huraño y sombrío. Aristón[1] decía que él prefería un joven triste antes que otro jovial y amable con la gente; ciertamente, se convierte en vino bueno el que de joven era recio y áspero, y no tolera la crianza el que resultaba grato cuando estaba en el tonel.[2] Que permita que le llamen austero y enemigo de su prosperidad; esa misma austeridad le vendrá bien en la ancianidad; que persevere ahora en cultivar la virtud, en empaparse en los estudios liberales; no en aquellos

---

1   Aristón de Quíos, un estoico de los primeros tiempos que vivió en el siglo III a. C. Fue discípulo y compañero de Zenón, el fundador de la escuela.

2   En el proceso de elaboración del vino, el mosto se vertía en grandes toneles de barro, donde envejecía durante treinta días; después, aquellos que admitían crianza se envasaban en ánforas.

en los que basta con rociarse un poco, sino en estos en los que el espíritu debe empaparse.

(4) Este es el momento de aprender. «¿Y qué? ¿Es que hay alguno en el que no haya que aprender?». En absoluto, pero, así como es adecuado estudiar a cualquier edad, no lo es ir a la escuela. Cosa vergonzosa y ridícula es un anciano parvulito; el joven, a aprender y el anciano, a ser de utilidad. Por tanto, harás algo muy útil para ti, si haces a tu amigo el mejor hombre posible; dicen que son estos los beneficios que uno debe buscar y conseguir, todavía más si son de primera categoría, los que tanto aprovecha darlos como recibirlos.

(5) En fin, tu amigo ya no es libre, se ha comprometido; es menos vergonzoso defraudar a un acreedor que a una buena esperanza. Para pagar su deuda el comerciante necesita una próspera travesía; el agricultor, la fertilidad de la tierra que cultiva y un clima favorable; tu amigo puede pagar lo que debe solo con su buena voluntad. La fortuna no tiene derecho alguno en las costumbres. (6) Debe disponer estas para que su espíritu, en la mayor tranquilidad posible, alcance la perfección, sin sentir que se le priva de algo o que algo se le añade, sino manteniendo la misma disposición interior ocurra lo que ocurra. Un espíritu que, si se le acumulan esos bienes que valora la gente, sobresalga por encima de tales propiedades, y, si el azar le arrebata algo de aquellos o incluso todos, no se haga más pequeño.

(7) Si hubiese nacido en Partia, siendo niño ya tensaría el arco; si en Germania, dispararía la ligera jabalina apenas adolescente; si hubiese nacido en tiempos de

nuestros antepasados, habría aprendido a montar a caballo y a luchar con el enemigo cuerpo a cuerpo. A cada uno le persuade y domina la instrucción propia de su nación.

(8) ¿Entonces, en qué debe ejercitarse? En lo que ayuda contra todo tipo de dardos y contra toda clase de enemigos: despreciar la muerte. Ninguno duda que esta contiene algo terrible que impresiona a nuestros espíritus, a los que la naturaleza modeló para el amor a sí mismos; de otro modo, no sería necesario prepararse y adiestrarse para algo hacia lo que iríamos como por un instinto voluntario, como el que mueve a todos a su propia conservación. (9) Nadie se prepara por si es necesario yacer entre rosas, sino para endurecerse y no traicionar la lealtad con los tormentos, por si es necesario mantenerse en guardia delante de la empalizada, de pie y a veces herido, sin apoyarse siquiera en la lanza, pues el sueño sorprende en un instante a quienes se recuestan en cualquier apoyo.

La muerte no comporta ningún malestar, pues, ciertamente, debería existir alguien a quien tal malestar afectase.[3] (10) Y si un deseo tan grande de una vida longeva te cautiva, piensa que nada de eso que se aparta de nuestros ojos y vuelve a la naturaleza desaparece del todo: deja de existir, no perece, y la muerte, que tememos y rechazamos, interrumpe la vida, no la arrebata; llegará el día que nos devuelva de nuevo a la luz, un día que

---

3 Argumento ya expresado en 30, 6, tomado probablemente de Epicuro (*Epístola a Meneceo*, 124). La muerte priva de toda sensibilidad y, por tanto, es imposible sentir algún malestar.

muchos rechazarían, si no fuera porque nos devuelve a
la luz sin recuerdo alguno. (11) Pero después enseña-
ré con más atención que todo lo que parece perecer se
transforma. Debe partir con ánimo tranquilo quien va
a regresar. Observa el giro de las cosas que vuelven sobre sí: verás que nada en este mundo se extingue, sino
que desfallece y resurge por turnos. El verano se acaba,
pero otro año nos lo devolverá. El invierno desaparece, pero sus propios meses lo volverán a traer. La noche
oculta el sol, pero enseguida el día la expulsa a ella. Esta
es la carrera de las estrellas, volver a recorrer el trayecto realizado; una parte del cielo surge cíclicamente y la
otra se sumerge.

(12) Pondré aquí el final si puedo añadir esta única
cosa: ni los bebés, ni los niños, ni los dementes temen
la muerte y resulta muy vergonzoso que nuestra razón
no nos proporcione esa seguridad a la que lleva la falta
de juicio.

Que sigas bien.

LIBRO V

EPÍSTOLA 49

SÉNECA A SU QUERIDO LUCILIO. SALUD

En un viaje a Campania, Séneca recuerda sus vivencias en la región: en Nápoles y, sobre todo, en Pompeya, de donde era natural Lucilio y donde habían vivido juntos los dos amigos. Los recuerdos despiertan en Séneca, ya de edad avanzada, cierta añoranza, y al mirar hacia atrás, percibe la fugacidad del tiempo y la brevedad de la vida. Lamenta nuestro autor las pérdidas de un tiempo tan precioso y señala el error que supone entretenerse en los juegos literarios y dialécticos, cuando urge saber afrontar la muerte con entereza y dar a la vida el valor que tiene.

Es, sin duda, descuidado y negligente, mi querido Lucilio, quien recupera el recuerdo de un amigo advertido por algún paisaje; sin embargo, lugares familiares despiertan de vez en cuando una añoranza depositada en nuestro espíritu, y no nos devuelven un recuerdo extinguido, sino que avivan los que están aletargados; como el esclavo favorito del difunto o un vestido o la casa renuevan el dolor de los dolientes, incluso si el tiempo lo ha mitigado. Así, Campania y Nápoles y sobre todo la vista de tu Pompeya es increíble qué añoranza de ti provocaron en mi corazón: te tengo completamente delante de mis ojos en el momento en que me separo de ti y te veo empapado en lágrimas y sin poder contener tus emociones, que surgen a pesar del esfuerzo en contenerlas.

(2) Me parece que es ahora cuando te he perdido; ¿qué no es ahora cuando recuerdas? Ahora es sentarme de niño en la escuela del filósofo Soción,[1] ahora es empezar a defender causas, ahora es querer dejar de defenderlas, ahora es poder dejarlas.[2] Es infinita la velocidad del tiempo, que se hace más palpable para quienes miran al pasado; pues engaña a los que están atentos al presente; hasta tal punto es suave el tránsito por esta precipitada huida. (3) ¿Preguntas cuál es la causa de esto? Todo el tiempo que ha transcurrido está en el mismo lugar; puede verse a la vez y yace unido; todo cae en el mismo abismo.

Por otra parte, no puede haber largos intervalos en una realidad que en su conjunto es breve. Es un punto lo que vivimos y todavía menos que un punto; pero la naturaleza también se ríe de esa pequeñez, dándole apariencia de un espacio de tiempo más extenso: de una parte de ella hizo la infancia; de otra, la niñez; de otra, la juventud;

---

1   Soción de Alejandría fue un filósofo que defendía ideas pitagóricas y estoicas. Vivió en tiempos de Tiberio y fue maestro de Séneca en la escuela de los Sextios.

2   Antes de consagrarse por entero a la política, Séneca adquirió buen renombre como abogado.

de otra, el cambio que se produce entre la juventud y la vejez; de otra, la propia vejez. ¡Cuántas etapas puso en un espacio tan angosto! (4) Hace poco te acompañaba; y ese «hace poco» es una buena parte de nuestra vida, cuya brevedad hemos de pensar que alguna vez se acabará. No solía parecerme el tiempo tan veloz; ahora su carrera se me antoja increíble, ya sea porque siento que la meta se aproxima, ya sea porque empiezo a preocuparme y a calcular lo que he perdido. Y por eso me indigno más con algunos que gastan en cosas inútiles la mayor parte de un tiempo que ni siquiera bastaría para lo imprescindible incluso si lo conserváramos con el mayor cuidado.

(5) Dice Cicerón que, incluso si se le concediera tener dos vidas, no tendría tiempo suficiente para leer a los líricos.[3] Pongo en el mismo plano a los dialécticos, tristemente más ineptos. Aquellos juegan intencionadamente, estos se creen que hacen algo relevante. (6) No digo que estas cosas no hayan de ser atendidas, pero atendidas solo de lejos y saludadas desde la puerta, con esta única intención: que no nos engañen y juzguemos que hay en ellas algún bien grande y oculto.[4] ¿Por qué te atormentas y consumes en una cuestión que resulta

---

3   No encontramos este aserto entre las obras conservadas de Cicerón.

4   En distintos lugares de su obra Séneca pone de manifiesto el lugar secundario que, en su opinión, deben tener algunas materias, como la literatura o la dialéctica. En ningún caso deben desviar al aspirante a la sabiduría de los estudios fundamentales: la filosofía y, dentro de ella, la ética.

más inteligente despreciar que resolver? Es propio del
que se siente seguro y transita cómodamente indagar
menudencias; pero cuando el enemigo ataca por la espalda y el soldado ha sido llamado a filas, la obligación
sacude todo lo que una paz tranquila había reunido. (7)
No tengo tiempo de rebuscar palabras de doble sentido
ni de manifestar con ellas mi ingenio.

«Mira qué pueblos se congregan; qué ciudades amu-
ralladas, cerradas las puertas, preparan las espadas».[5]

He de escuchar con ánimo bien dispuesto este estré-
pito de guerra que resuena entorno a mí. (8) Con razón
parecería a todos un loco, si cuando los ancianos y las
mujeres amontonan piedras en la trinchera de las mu-
rallas, cuando la juventud armada dentro de las puertas espera y reclama la señal de ataque, cuando las ja-
balinas de los enemigos vibran afuera y el mismo suelo
tiembla con las excavaciones y las minas, yo me senta-
ra sin nada que hacer, proponiendo cuestiones de este
tipo: «Lo que no has perdido, lo tienes; no has perdido
los cuernos, entonces, tienes cuernos» y otras agudezas
celebradas a ejemplo de esta.[6]

---

5 Antes de buscar palabras para continuar con la metáfora,
Séneca prefiere traer a colación esta cita de Virgilio, *Eneida*, VIII
385-386. Son palabras de Venus, dirigidas a Vulcano para conseguir
armas para Eneas.

6 Séneca siente que su muerte está próxima y, ciertamente, no
debió de transcurrir mucho tiempo entre la elaboración de esta carta y
su trágico final. El filósofo compara su estado de ánimo con el de una
ciudad sitiada. En tal situación, resulta absurdo ocuparse en los argumentos de los dialécticos.

(9) Pues bien, sería lícito igualmente que me juzgaras un loco, si yo ahora me esforzase en estas cosas, pues también ahora estoy sitiado. Allí, sin embargo, el peligro vendría para mí, durante el asedio, del exterior, la muralla me defendería del enemigo; ahora las armas mortíferas están en mi interior. Quiero estar libre de esas tonterías, tengo entre manos un asunto primordial. ¿Qué voy a hacer? La muerte me persigue y la vida se me escapa. (10) Enséñame algo contra esto; consigue que yo no huya de la muerte, que la vida no se me escape. Anímame contra las cosas difíciles, contra lo inevitable; alarga el exiguo tiempo de mi vida. Enséñame que el bien de la vida no está puesto en su duración, sino en el uso que hagamos de ella, que puede ocurrir, y de hecho ocurre con muchísima frecuencia, que haya vivido poco el que ha vivido muchos años. Dime cuando vaya a dormir «puede que no despiertes»; dime al despertar «puede que no duermas más». Dime cuando vaya a salir «puede que no regreses»; dime cuando regrese «puede que no salgas».

(11) Te equivocas si piensas que solo en la navegación es mínima la distancia que separa la vida de la muerte; en todos los lugares el intervalo es igualmente insignificante. No en todos los lugares la muerte se muestra tan próxima, pero en todos está tan próxima. Aparta de mí estas tinieblas y me harás llegar más fácilmente esas enseñanzas para la que debo estar preparado. La naturaleza nos engendró dispuestos para el aprendizaje y nos dio una razón imperfecta, pero que puede ser mejorada. (12) Háblame de la justicia, del afecto, de la templanza, de la castidad en su doble sentido, de la que consiste en

abstenerse del cuerpo ajeno y de la que es cuidado del propio. Si no me llevas por los rodeos, más fácilmente llegaré a ese lugar que pretendo alcanzar; pues, como dice el trágico, «es sencillo el discurso de la verdad», y por eso no conviene embrollarlo.[7] Nada, en efecto, conviene menos a los espíritus que intentan cosas grandes que ese engañoso ingenio.

Que sigas bien.

---

7   Verso de *Las fenicias* de Eurípides (469).

LIBRO VI

EPÍSTOLA 54

SÉNECA A SU QUERIDO LUCILIO. SALUD

Séneca traslada a Lucilio con cierta ironía la terrible sensación de ahogo que le ha producido lo que parece una grave crisis asmática. Bromea con su mala salud, pero la virulencia del ataque le permite reflexionar sobre la muerte cercana. La muerte es el no ser, la insensibilidad, y, por tanto, al morir estaremos en el mismo estado en que nos encontrábamos antes de nacer. Dice Séneca estar preparado para la última hora, aunque desearía seguir viviendo; quiere parecerse al sabio estoico que acepta de buen grado todo cuanto ocurre.

La mala salud me había dado una larga tregua, pero de repente me ha invadido la enfermedad. «¿Cuál de ellas?», dices. Buena pregunta, pues ninguna es para mí desconocida. Sin embargo, tengo asignada una enfermedad casi en exclusiva, que no encuentro razón para llamarla con nombre griego, pues me parece que muy

adecuadamente puede ser llamada *suspirium*.[1]. Es breve en extremo y semejante en su ataque a una tormenta;
en una hora prácticamente ha cesado. ¿Quién, ciertamente, tarda más en expirar? (2) Todos los malestares
y peligros que acechan al cuerpo han pasado por mí,
pero ninguno me parece más molesto. ¿Cómo no? Una
cosa es estar enfermo y otra arrojar el alma. Por eso los
médicos llaman a esta «preparación para la muerte»;[2]
pues, de vez en cuando aquel sofoco consigue lo que
a menudo ha intentado. ¿Crees que te cuento divertido esto porque lo he superado? (3) Si me alegrase con
este final como si tuviera buena salud, actuaría tan ri-
siblemente como el que piensa haber ganado un pleito
cuando solo ha aplazado la comparecencia.

Pero yo, en medio de tales ahogos, no permito descansar a mis alegres y animosas reflexiones. (4) «¿Qué
es esto?», me digo, «¿tan a menudo me pone a prueba
la muerte?». «Que lo haga. Yo la he experimentado durante mucho tiempo». «¿Cuándo?», preguntas. Antes
de nacer. La muerte es el no ser. Ya sé cómo es esto: será
después de mí lo que fue antes de estar vivo. Si en este

---

1 *Suspirium*. Séneca parece bromear con el doble sentido del término, que, por un lado, hace referencia a la respiración entrecortada
que produce el asma y, por otro, a la expiración.

2 *Meditatio mortis*: «Preparación o aprendizaje para la muerte».
Los distintos comentaristas y editores parecen coincidir en que Séneca
describe una crisis asmática, aunque también pudiera tratarse de un
ataque de ansiedad o ataque de pánico, normal en un espíritu sensible
como el de Séneca.

trance hay algo de sufrimiento, es necesario que lo haya habido antes de que saliéramos a la luz; sin embargo, entonces no sentimos pesar alguno. (5) Te lo pregunto, ¿no dirías que es muy absurdo que alguien considerase a una lámpara en peor estado cuando está apagada que antes de ser encendida? Nosotros también somos apagados y somos encendidos; en el tiempo intermedio toca sufrir un poco, pero en ambos extremos hay una gran seguridad. Si no me engaño, querido Lucilio, en esto nos equivocamos: pensamos que la muerte viene a continuación, cuando ella nos ha precedido y vendrá después. Lo que hubo antes de nosotros es muerte; ciertamente, qué importa que no empieces o que dejes de existir, cuando el efecto de una y otra cosa es el no ser.

(6) No cesé de hablarme con exhortaciones de esta naturaleza (silenciosas, claro está, pues no había lugar para las palabras); después, poco a poco, aquel ahogo, que había empezado a ser ya un jadeo, hizo intervalos más dilatados y se detuvo. Sin embargo, no se fue del todo y, aunque cesa, todavía la respiración no surge naturalmente; la siento entrecortada y con cierto retraso. Que sople como quiera, mientras no tenga que respirar con el alma.³ (7) Escucha, entre tú y yo, lo que tengo que decirte: no temblaré hasta la última hora, ya estoy preparado; no hago planes ni siquiera para todo el día. Tú

---

3 *Dummodo non ex animo suspirem.* Expresión de difícil traducción, a mi juicio este es el sentido lógico: que el suspiro asmático funcione como quiera, mientras no provoque la muerte del cuerpo, «mientras no tenga que respirar con el alma».

elogia e imita a aquel que no lamenta morir, aun cuando le agrada vivir; pues, ¿qué hay de virtuoso en salir cuando has sido expulsado? Sin embargo, en este caso si hay algo virtuoso: soy expulsado, ciertamente, pero hago como si me fuera. Por eso el sabio nunca es expulsado, porque expulsar es ser arrojado de aquel lugar del que te retiras de mala gana; el sabio no hace nada de mala gana; escapa al destino porque quiere lo que él le obliga a hacer.[4]

Que sigas bien.

---

4   Enuncia Séneca aquí uno de los principios estoicos más repetidos. El sabio aceptará cuanto ocurre, porque todo cuanto acaece ocurre para el bien. Si sucede es porque la Providencia así lo ha dispuesto y cuanto dispone la Providencia es bueno para el conjunto universal. *Cf.* Séneca, *Epístolas*, 76, 23 y 98, 5. Marco Aurelio, 4, 10 y 4, 33.

EPÍSTOLA 57

SÉNECA A SU QUERIDO LUCILIO. SALUD

Séneca cuenta a Lucilio su viaje desde Bayas a Nápoles. Particularmente aprensivo con la navegación, ha preferido hacer el trayecto por tierra. Eso le obliga a cruzar el túnel de Nápoles, largo y oscuro, lo que le provoca una instinti-va perturbación. Reflexiona el filósofo sobre las reacciones instintivas, que ni los más valientes pueden evitar porque están por encima de la razón, y también sobre las apren-siones que rodean a la muerte. Da igual cómo muramos porque el alma, compuesta de una sustancia tremendamen-te liviana, escapará inaprensible por cualquier parte del cuerpo cuando este deje de existir, y será inmortal y eterna.

Debía regresar a Nápoles desde Bayas,[1] así que con faci-lidad me convencí de que había tempestad, para no tener que sufrir otra vez el viaje en barco. Hubo, sin embargo,

---

1 Ciudad ubicada en el golfo de Nápoles, donde la aristocracia romana tenía sus fincas de recreo.

tanto polvo en todo el camino que bien podría parecer que había navegado. En aquel día me fue asignado todo el destino de los atletas. Después de la ceroma
nos tocó recibir el *haphe*² en el túnel de Nápoles. (2)
Nada más largo que aquella cárcel, nada más oscuro
que aquellas antorchas, que no garantizan que veamos
en medio de las tinieblas, sino que veamos las propias
tinieblas. Por lo demás, si hubiese algo de claridad, la
apagaría el polvo, cosa pesada y molesta incluso a cielo abierto; y mucho más allí, donde se revuelve sobre sí
mismo y, como está encerrado sin escapatoria alguna,
recae sobre esos mismos que lo han provocado. Sopor-
tamos al mismo tiempo dos incomodidades opuestas y
entre sí contrarias: en el mismo camino y en el mismo
día sufrimos con el lodo y con el polvo.

(3) Sin embargo, aquella oscuridad me dio algo en
lo que pensar: sentí cierta conmoción y una alteración,
exenta de miedo, provocada por la novedad y el desagra-
do de aquel paraje insólito. No hablo ahora de mí, pues
disto mucho de ser un hombre aceptable y mucho más
de ser un hombre perfecto, sino del hombre fuerte sobre el cual la fortuna ha perdido sus derechos;³ también

---

2   El *haphe* era un polvo fino con el que se frotaban el cuerpo los
atletas antes de combatir. Y la ceroma, una suerte de linimento, hecho
a base de cera y aceite, que tenía un uso parecido.

3   Un hombre que está por encima de los vaivenes de la fortuna,
que no cree que existan los infortunios porque es capaz de aceptar todo
cuanto pueda ocurrir sin alterarse; es decir, el sabio estoico o el que
aspira a serlo.

el espíritu de este se sentirá conmovido y su rostro cambiará de color. (4) Ciertamente, querido Lucilio, ningún hombre virtuoso puede escapar a algunas emociones; la naturaleza le advierte de su mortalidad. Así pues, también ese hombre torcerá el gesto ante las cosas tristes, se sobresaltará ante las repentinas y, si ubicado en la cima de una gran altura mira hacia el abismo, su vista se nublará; esto no es miedo, sino un instinto natural inexpugnable para la razón. (5) Hay algunos hombres fuertes y muy dispuestos a derramar su propia sangre que no soportan la vista de la ajena; algunos se desmayan y pierden el sentido cuando observan el examen o la curación de una herida reciente o de una herida antigua y purulenta; otros admiten con más facilidad el golpe de la espada que su visión.

(6) Yo sentí, como decía, no exactamente una perturbación, sino un cambio; luego, cuando recuperé de nuevo la visión de la luz del día, me invadió una alegría insospechada e inesperada. Después, empecé a hablar conmigo mismo: cuán absurdamente tememos más o menos algunas cosas, cuando el fin de todo es el mismo. ¿Qué importancia puede tener que caiga sobre alguien la garita de un vigilante o una montaña? No encontrarás ninguna diferencia. Sin embargo, habrá quienes teman más esta última, por más que una y otra resulten igualmente mortíferas; hasta ese punto el miedo responde más a la causa que a los efectos.

(7) ¿Piensas ahora que hablo de los estoicos, quienes sostienen que el alma del hombre aplastado no puede subsistir por el gran peso y que se disipa al instante

por no hallar una salida libre para ella? Pero no me refiero a eso; me parece que se equivocan quienes piensan de ese modo. (8) Igual que la llama no puede ser aplastada (pues se difumina alrededor del combustible que la sostiene), igual que el aire no es dañado por un látigo o por un golpe, ni es posible dividirlo, sino que se expande alrededor del instrumento que le amenaza, así el alma, que está compuesta por una substancia muy ligera, no puede ser retenida ni exterminada dentro del cuerpo, sino que, gracias a su ligereza, se abre paso a través de los miembros que la oprimen. Del mismo modo que el rayo encuentra una salida por un pequeño agujero incluso cuando golpea y resplandece por un amplio territorio, así el alma, que es incluso más ligera que el fuego, se escapa por todas las partes del cuerpo.

(9) Acerca de ella hemos de preguntarnos si puede ser inmortal. Tenlo por cierto: si sobrevive al cuerpo, no puede ser destruida de ningún modo, pues ninguna inmortalidad admite excepciones, ni hay nada dañino para lo que es eterno.

Que sigas bien.

EPÍSTOLA 61

SÉNECA A SU QUERIDO LUCILIO. SALUD

Séneca confiesa a Lucilio estar preparado para la muerte. Para ello es necesario aceptar la vejez, evitando los desvaríos de la juventud, y vivir al día, sin importar cuánto tiempo nos reste. Lo mejor mientras vivimos es admitir de buen grado cuanto sucede y enfrentarnos a la muerte con la mejor disposición.

Dejemos de querer lo que hemos querido. Eso es, en verdad, lo que yo intento, no querer de viejo las mismas cosas que quise de niño. En este único empeño se me van los días y las noches; esta es mi ocupación, este mi pensamiento, poner fin a mis antiguos errores. Aspiro a que un día sea para mí como la vida entera; y, por Hércules, no me agarro a él como si fuera el último, sino que lo contemplo como si bien pudiera ser el último.

(2) Con tal ánimo te escribo esta carta, como si, justamente mientras te escribo, pudiera presentarse la muerte; estoy preparado para partir, y por eso disfrutaré de la vida, porque no me preocupo demasiado por cuánto

vaya a durar esto. Antes de la vejez me preocupé de vivir bien; en la vejez, de morir bien, y morir bien es morir de buen grado. (3) Esfuérzate por no hacer nunca nada de mala gana; lo que es para quien se resiste un deber que hay que afrontar, eso mismo no es deber para quien quiere hacerlo. Así lo digo: quien acepta con gusto las órdenes escapa a una parte muy penosa de la servidumbre, hacer lo que no se quiere; no es infeliz quien hace algo porque se lo han ordenado, sino el que lo hace de mala gana. Así pues, dispongamos el ánimo para lo que la situación exija, y aceptémoslo; y, sobre todo, pensemos sin tristeza en nuestro fin.

(4) Antes debemos estar preparados para la muerte que para la vida. La vida está suficientemente aprovisionada, pero ambicionamos sin límite sus provisiones; parece que algo nos falta y que siempre nos faltará. Que hayamos vivido suficientemente no lo consiguen ni los años ni los días, sino nuestra disposición anímica. He vivido cuanto era suficiente, queridísimo Lucilio; satisfecho aguardo la muerte.

Que sigas bien.

LIBRO VII

EPÍSTOLA 63

SÉNECA A SU QUERIDO LUCILIO. SALUD

Lucilio está consternado por la muerte de su amigo Flaco. Séneca le insta a no dejarse atrapar por el dolor, que es inevitable, pero al que se debe combatir. Es necesario no seguir las convenciones que invitan a hacer ostentación del duelo y, en lugar de entristecerse por haber perdido al amigo, valorar que la fortuna nos dio ocasión de tenerlo. Hemos de procurar conservar un buen recuerdo del difunto y sustituirlo por nuevos afectos. Sin embargo, Séneca termina confesando su derrota ante el sufrimiento que le provocó la muerte de su querido amigo Anneo Sereno; no supo ver que, aunque era mucho más joven que él, también podía morir.

Llevo mal que haya fallecido Flaco, tu amigo, pero no quiero que te aflijas más de lo conveniente. Con dificultad me atreveré a pedirte eso, que no te aflijas, aunque sé que es lo mejor. Pero ¿quién alcanza tal firmeza de ánimo, a no

ser el que se encuentra muy por encima de la fortuna?[1]
A este también la situación le causará cierto dolor, pero
un dolor pasajero. A nosotros puede perdonársenos el de-
rramamiento de lágrimas si no cayeron en demasía, si fui-
mos capaces de contenerlas. Los ojos del que ha perdido
a un amigo no deben estar secos ni empapados; hay que
dejar escapar alguna lágrima, pero no explotar en llanto.

(2) ¿Te parece que impongo una ley muy dura, cuando hasta el más grande poeta griego fijó en un solo día
el derecho a llorar cuando dijo que incluso Níobe había
pensado en la comida?[2] ¿Te preguntas de dónde surgen
los lamentos y los llantos desproporcionados? Buscamos
a través de las lágrimas pruebas del duelo y no nos de-
jamos llevar por el dolor, sino que lo pregonamos. Nadie está triste solo para sí. ¡Oh, infortunada estupidez!
Hasta en las lágrimas hay cierta corrupción.

(3) «Entonces, ¿qué?», dices, «¿he de olvidar a mi
amigo?». Anuncias breve recuerdo de él, si este va a ir
acompañado de dolor; cualquier situación fortuita conver-
tirá en sonrisas ese semblante entristecido. No te empla-
zo a un tiempo más prolongado, en el que toda añoranza
se calma, en el que incluso los duelos más profundos se

---

1   Otra vez alusión al sabio, que no se inmuta ante las oscilaciones
de la fortuna. *Vid. Epístola* 57, nota 3.

2   Alusión al pasaje de la *Ilíada* de Homero, el más grande poeta
griego, en el que Aquiles invita a Príamo a cenar, tras haberle entregado el cadáver de Héctor. Aquiles recuerda al rey troyano que también
Níobe pensó en alimentarse tras haber perdido a doce de sus catorce
hijos a manos de Apolo y Artemisa.

suavizan: tan pronto como dejes de observarte, desaparecerá esa imagen de tristeza. Ahora, tú mismo custodias tu dolor, pero este huye incluso de quien lo custodia, y acaba más rápidamente por eso, porque es más agudo.

(4) Hagamos que sea alegre el recuerdo de nuestros difuntos. Nadie vuelve con agrado a aquello en lo que no puede pensar sin sufrimiento; igual que es preciso que también suceda esto: el nombre de los seres que hemos perdido y amábamos vendrá acompañado de una punzada; pero esta punzada tiene también un lado placentero, (5) pues, como solía decir nuestro Atalo:[3] «El recuerdo de los amigos fallecidos nos es tan grato como ciertos frutos suavemente ásperos, como nos deleita el amargor de un vino demasiado viejo; sin embargo, cuando se interpone cierto espacio de tiempo, desaparece todo lo que nos angustiaba y llega hasta nosotros un deleite sin mezcla». (6) Si le hacemos caso, «pensar en los amigos sanos y salvos es disfrutar de miel y dulces; acordarse de los que se fueron nos complace no sin cierta amargura. ¿Quién puede negar que estos alimentos ácidos y con algo de aspereza estimulan el estómago?». (7) Yo no soy de la misma opinión, para mí el recuerdo de los amigos fallecidos es solo dulce y suave: los tuve como si fuera a perderlos, los perdí como si todavía los tuviera.

---

3   Atalo de Alejandría, filósofo estoico, maestro de Séneca, que vivió en Roma en tiempos del emperador Tiberio. El entrecomillado recoge palabras suyas, que Séneca parece citar de memoria, con las que nuestro autor no está muy de acuerdo, pues, en su opinión, el recuerdo de los amigos no debe comportar ninguna amargura.

Así pues, mi querido Lucilio, actúa como conviene a tu equidad, deja de interpretar mal el obsequio de la fortuna: te lo ha arrebatado, pero te lo dio. (8) Por eso, disfrutemos ávidamente de los amigos, puesto que es incierto cuánto tiempo podremos hacerlo. Pensemos cuán a menudo hemos abandonado a aquellos al partir para un largo viaje, cuán a menudo no hemos visto a los que viven en el mismo lugar; comprenderemos que hemos perdido más tiempo de estar con ellos mientras estaban vivos.

(9) Pero, ¿soportarás a esos que tienen amigos descuidadamente, les lloran con grandes lamentaciones y no aman a nadie, a no ser que le hayan perdido? Por eso, entonces, se entristecen con gran efusividad, porque temen que sea dudoso si los han amado; presentan tardíos indicios de su propio afecto.

(10) Si tenemos otros amigos, les estimamos mal y no nos portamos bien con ellos, ya que no nos sirven para consolarnos del único que hemos perdido. Si no los tenemos, nosotros mismos nos hemos propinado una injuria más grande que la que hemos recibido de la fortuna: ella nos ha quitado a uno solo, nosotros a los amigos que no hicimos. (11) Además, quien no pudo amar más que a uno solo, ni siquiera amó demasiado a ese uno. ¿No te parecería muy tonto alguien que, privado de su única túnica, prefiriera lamentarse antes que mirar de qué modo refugiarse del frío y encontrar algo con que cubrir sus espaldas? Perdiste al que amabas, busca a quien amar. Es preferible reemplazar al amigo que llorarle.

(12) Sé que lo que ahora voy a añadir está muy gastado, pero no voy a callarlo porque todos lo digan: el fin

de los duelos, incluso para quien no lo ha buscado intencionadamente, aparece con el tiempo. Resulta indecoroso en un hombre prudente que el remedio para la tristeza consista en cansarse de llorar; prefiero que abandones tú el dolor a que seas abandonado por él; y deja de hacer cuanto antes lo que, incluso si quieres, no podrás hacer durante mucho tiempo.

(13) Nuestros mayores establecieron un año para el luto de las mujeres, no para que llorasen durante tanto tiempo, sino para poner un límite a su dolor; para los hombres no hay establecido tiempo alguno, porque ninguno resultaría honorable. Sin embargo, ¿cuál de aquellas pobres mujeres, con dificultad separadas de la pira funeraria, arrancadas apenas del cadáver del fallecido, me señalarás que haya mantenido sus lágrimas a lo largo de un mes entero? Nada provoca más rápidamente rechazo que el dolor, que, cuando es reciente, encuentra a alguien dispuesto a consolar y atrae a otros hacia él, pero, cuando se prolonga, con razón es objeto de burla: o es fingido o es absurdo.

(14) Te escribo yo estas cosas, ese que lloró tan inmoderadamente a mi queridísimo Anneo Sereno,[4] yo, que estoy —lo que menos quería— entre los ejemplos de esos a los que el dolor venció. Hoy, sin embargo, condeno mi comportamiento y comprendo que la causa principal de

---

4 Íntimo amigo de Séneca, al que dedicó varios de sus tratados filosóficos, quien, según noticia de Plinio el Viejo (*Historia Natural*, XXII 96), murió en el año 63, tras haber ingerido setas venenosas.

que me entristeciera de tal manera fue que nunca había pensado que él pudiera morir antes que yo. Solo esta idea tenía en mente, que era más joven, incluso mucho más joven. ¡Cómo si los hados respetasen el orden! (15) Así pues, hemos de pensar asiduamente en nuestra mortalidad y en la de todos esos a los que amamos. Entonces, yo debí decirme: «Mi querido Sereno es más joven; pero ¿qué tiene que ver? Debe morir después que yo, pero puede morir antes». Al no hacerlo, fui golpeado repentinamente por la fortuna sin estar preparado. Ahora pienso no solo que todas las cosas son mortales, sino también que la ley de la mortalidad es incierta: hoy puede acaecer lo que en cualquier momento puede ocurrir.

(16) Pensemos, entonces, queridísimo Lucilio, que vamos a ir muy pronto allí donde lamentamos que haya llegado aquel que se ha ido; y quizá, si es verdadera la opinión de los sabios y existe un lugar de acogida, ese que pensamos hemos perdido solo se nos ha adelantado.

Que sigas bien.

SÉNECA A SU QUERIDO LUCILIO. SALUD

Séneca insta a Lucilio a no interrumpir su retiro espiritual (otium) *con sus habituales viajes. El* otium *tiene como finalidad apartarle de las pasiones y deseos, rechazados por la doctrina estoica, y los viajes conllevan una alta posibilidad de reincidir en ellos. Es necesaria la continuidad y una atención plena para paliar los vicios. Termina nuestro autor invitando a su interlocutor a aceptar la muerte y a no dudar en reclamarla si la situación lo que requiere, pues el suicidio también es una muerte natural.*

No quiero que cambies de lugar y andes saltando de un lado a otro; en primer lugar, porque tan frecuente desplazamiento es propio de un espíritu inestable; solo si dejas de mirar alrededor y de vagabundear, puedes desarrollarte en el retiro; para contener el espíritu, refrena antes el trajín de tu cuerpo.

(2) Además, los remedios continuados son mucho más provechosos. El reposo y el olvido de la vida anterior no deben ser interrumpidos; deja que tus ojos desaprendan, deja que tus oídos se acostumbren a palabras más saludables. Cada vez que salgas, en el mismo

trayecto saldrá a tu encuentro algo que renueve tus pasiones. (3) Igual que quien quiere liberarse del amor debe
evitar todo recuerdo del cuerpo amado (pues nada rever-
dece más fácilmente que el amor), el que quiere alejar el
anhelo de cuanto encendió su pasión ha de apartar sus
ojos y oídos de aquello que pretende abandonar.

(4) El deseo enseguida renueva sus ataques; a donde
quiera que se vuelva, al punto encontrará recompensa
para su negocio. Ningún mal carece de paga: la avaricia
promete dinero; la lujuria, muchos y variados placeres;
la ambición, la púrpura y el aplauso, y, con ellos, el poder y cuanto el poder conlleva. Los vicios te reclaman
con un premio, en el retiro hay que vivir gratis.

(5) Apenas en todo un siglo puede lograrse que vicios hinchados por una permisividad tan prolongada se
sometan y acepten el yugo; mucho más difícil si rompe-
mos tan breve espacio de tiempo con interrupciones; solo
una vigilancia y una atención continuadas consiguen llevar un asunto cualquiera a la perfección.

(6) Si me quieres escuchar, medita y ejercítate en esto,
en aceptar la muerte y, si la situación lo aconsejara, en
convocarla; nada importa que ella venga a nosotros o
nosotros vayamos hacia ella. Convéncete a ti mismo de
la falsedad de aquella frase de alguien muy ignorante:
«Es hermoso morir de muerte natural»; todos morimos
de muerte natural. Es conveniente, además, que medi-
tes contigo mismo este aserto: nadie muere a no ser en
el día señalado. No pierdes nada de tu tiempo, pues el
que dejas de vivir no te pertenecía.

Que sigas bien.

LIBRO VIII

EPÍSTOLA 70

SÉNECA A SU QUERIDO LUCILIO. SALUD

Es esta una de las cartas que mejor resume el pensamiento estoico sobre la muerte, basado, sobre todo, en dos principios: eliminar el miedo a la muerte y menospreciar la vida. Para vivir bien no es necesario vivir mucho tiempo; a veces una vida larga está llena de sufrimiento y tedio. Por eso, siempre hay que considerar la posibilidad del suicidio, que nos hace libres e impide expresar quejas contra la vida: «Si no estás a gusto, puedes irte». La vida no debe ser conservada a toda costa y, ante determinadas circunstancias, el suicidio es la mejor salida. Refuta Séneca la opinión de quienes están en contra de atentar contra la propia vida, pues no se dan cuenta de que ello supone el mayor atentado contra la libertad humana. Finalmente, expone ejemplos egregios de hombres muy humildes, condenados al anfiteatro, que encontraron valerosamente el camino para salir de la vida con la máxima dignidad.

Después de mucho tiempo he vuelto a ver tu Pompeya. Al contemplarla me parecía que había regresado a mi juventud; me parecía que lo que allí había hecho de joven todavía podía hacerlo, y que poco antes lo había hecho.

(2) Pasamos navegando por la vida, Lucilio, e igual que en el mar «las tierras y las ciudades se alejan», como dice nuestro Virgilio;[1] en esta carrera fugaz del tiempo, primero perdemos de vista la niñez, después la juventud, después esa etapa que está a medio camino entre la juventud y la vejez, situada en la frontera de una y otra, después los mejores años de la vejez; finalmente, empieza a mostrarse el fin común del género humano.

(3) Pensamos en nuestro delirio que este fin es un escollo, pero es el puerto, que alguna vez hay que buscar, nunca rehuir; si alguno es llevado hasta él en sus primeros años, no debe quejarse más que quien navegó con mucha rapidez. Ciertamente, como sabes, a uno los vientos perezosos le entretienen y retrasan y le cansan con el tedio de una lentísima calma, a otro el oleaje constante le lleva a toda velocidad. (4) Piensa que esto mismo nos ocurre a nosotros: a unos la vida los condujo velocísimamente a ese lugar al que necesariamente habían de llegar incluso retardando la marcha, a otros los consumió y atormentó. La vida, como sabes, no debe conservarse siempre, pues lo bueno no es vivir, sino vivir bien.

Por tanto, el sabio vivirá cuanto debe, no cuanto puede. (5) Verá dónde va a vivir, con quiénes, de qué modo, en qué se va a ocupar. El sabio piensa siempre no cuánta

---

1   *Vid. Eneida*, III 72. Es el momento en que Eneas y los suyos se alejan de Tracia en dirección a la isla de Delos.

sea la vida, sino cuál sea. Si se encuentra con molestias que perturban su tranquilidad, se marcha; y esto no lo hace solo en último extremo, sino que, tan pronto como la fortuna se torna sospechosa, considera atentamente si acaso no será aquel el momento de terminar. No estima de su incumbencia que sea él quien ponga fin a su vida o sea otro quien lo haga, que este fin llegue más pronto o más tarde; no lo teme como una gran pérdida: nadie puede perder mucha agua por una gotera.[2]

(6) No importa morir más pronto o más tarde, lo que importa es morir bien o mal; pero morir bien es evitar el peligro de vivir mal. Así pues, estimo muy poco viril la frase de aquel rodio que, encerrado en una jaula por el tirano y alimentándose como si fuese un animal salvaje, respondió a quien le aconsejaba abstenerse de comer para quitarse la vida: «El hombre debe conservar, mientras vive, todas sus esperanzas».[3] (7) Aunque esto sea verdad, la vida no debe comprarse a cualquier precio. Por más que haya cosas grandes, por más que haya cosas seguras, no llegaré hasta ellas con una vergonzosa confesión de debilidad. ¿Pensaré que la fortuna lo puede

---

2 *Nemo multum ex stilicidio potest perdere.* Parece una expresión proverbial. A través de una gotera el agua se escurre gota a gota y la pérdida es siempre exigua. Séneca la utiliza para dar idea de la escasa valoración de la vida para el sabio estoico.

3 Séneca cuenta esta historia en el *De ira* (3, 17, 3 y sigs.). Se trata de Telesforo, encerrado en una jaula por el tirano Lisímaco, que antes había sido amigo suyo. Le cortó la nariz y las orejas y vivía en la cueva como un animal.

todo sobre el que vive, antes de pensar que la fortuna no puede nada sobre el que sabe morir?

(8) Sin embargo, alguna vez, si una muerte segura amenaza al sabio y sabe que se ha decretado la última pena contra él, no prestará su mano para su propio castigo, se la prestará a sí mismo. Es una tontería morir por temor a la muerte: viene quien te va a matar, espéralo.[4] ¿Por qué te anticipas? ¿Por qué razón asumes el encargo de la crueldad ajena? ¿Acaso envidias a tu verdugo o tienes consideración con él? (9) Sócrates pudo acabar su vida absteniéndose de comer y morir de inanición antes que a causa del veneno; sin embargo, cumplió treinta días en la cárcel a la espera de la muerte, no con el ánimo de que cualquier cosa pudiera ocurrir, ni de que crecieran sus esperanzas en un tiempo tan prolongado, sino para cumplir con las leyes, para que los amigos disfrutaran de Sócrates hasta el último momento.[5] ¿Qué podía ser más absurdo que temer al veneno cuando despreciaba la muerte?

(10) Escribonia, mujer de carácter, era tía de Druso Libón, un joven tan noble como estúpido, que aspiraba a cotas más altas de las que nadie podía esperar en su

---

4 En estas líneas Séneca parece estar reflexionando sobre su propia muerte, que ocurriría apenas un año después de escribir esta carta, y que, como es conocido, fue un suicidio inducido por soldados de Nerón. *Cf.* Tácito, *Anales* XV, 63.

5 Lo que aquí leemos sobre la muerte de Sócrates es un resumen de lo que encontramos desarrollado más extensamente en el *Critón*, uno de los célebres diálogos de Platón.

época y él mismo en ningún tiempo.[6] Cuando enfermo era trasladado desde el senado con exiguo acompañamiento (pues todos sus íntimos le habían abandonado sin misericordia, como si más que un reo fuese ya un cadáver), empezó a considerar si darse la muerte o esperar. Escribonia le dijo: «¿Por qué te complace ocuparte de un cometido ajeno?». No le convenció; se quitó la vida, y no sin una buena razón, pues el que va a morir al tercer o cuarto día por decisión de su enemigo, si vive, cumple el cometido de otro.

(11) Así pues, no podrías pronunciarte sobre este asunto de forma general: si, cuando una violencia externa amenaza de muerte, hay que anticiparla o esperarla; son, ciertamente, muchos los argumentos que pueden aportarse en uno u otro sentido. Si hay una muerte con tortura y otra simple y fácil, ¿por qué no echar mano de esta? Igual que elegiré la nave en la que voy a navegar y la casa en la que voy a habitar, también elegiré la muerte con que salir de la vida. (12) Además, igual que, con certeza, no es mejor la vida más larga, del mismo modo y con certeza, es peor la muerte más larga.

En ningún asunto más que en la muerte debemos seguir la inclinación de nuestro espíritu. Que salga por donde tenga el impulso, ya prefiera la espada o el lazo o un veneno que inunde sus venas; que prosiga y rompa

---

6 Escribonia era la segunda mujer de Octavio Augusto, tía de Marco Druso Libón, quien encabezó una conspiración contra el emperador Tiberio que fracasó. *Vid.* Tácito, *Anales* II, 27-31.

las cadenas de la esclavitud. Cada cual debe dar cuenta de su vida a los otros, de su muerte a sí mismo: la mejor es la que le complazca. (13) Son estúpidos pensamientos de esta clase: uno dirá que he actuado con poca fortaleza; otro, que demasiado a la ligera; alguno que había formas de morir más valerosas. ¡Quieres pensar de una vez que en el asunto que tienes entre manos nada importa la opinión! Solo a una cosa debes atender, a escaparte lo más rápido que puedas de la fortuna; por lo demás, no faltarán quienes hablen mal de tu acción.

(14) Encontrarás incluso maestros de sabiduría contrarios a hacer violencia a la propia vida y que considerarán un sacrilegio convertirse en asesino de uno mismo; dirán que ha de esperarse el final que la naturaleza haya decidido. Quien esto dice no se da cuenta de que cierra el camino hacia la libertad; nada hizo mejor la ley eterna que proporcionarnos una única entrada a la vida, pero muchas salidas. (15) ¿Yo voy a esperar la crueldad de la enfermedad o del hombre, cuando puedo hacer desaparecer los tormentos y evitar la adversidad? Esto es lo único por lo que no podemos quejarnos de la vida: a nadie retiene. Los asuntos humanos están en buen lugar porque nadie es infeliz a no ser por su propia culpa. ¿Te complace? Vive. ¿No te complace? Te está permitido volver al lugar de donde viniste. (16) Para aliviar el dolor de cabeza te hiciste a menudo una sangría; para debilitar el cuerpo basta cortarse una vena. No es necesario abrirse las entrañas con una gran herida: con un bisturí se abre la vía hacia aquella magna libertad y la seguridad se consigue con un pinchazo.

¿Qué es, entonces, lo que nos vuelve perezosos y apáticos? Ninguno de nosotros piensa que alguna vez ha de salir de este domicilio, como viejos inquilinos a los que incluso padeciendo injusticias la complacencia con el lugar y la costumbre retienen. (17) ¿Quieres mantenerte libre frente a este cuerpo? Habita en él como si fueras a emigrar. Reflexiona contigo mismo que algún día te verás privado de este emparejamiento; serás más fuerte cuando tengas que partir. ¿Pero cómo van a pensar en su propio fin quienes no ponen límite a sus deseos?

(18) Para ninguna otra cosa es tan necesaria la preparación; otras, ciertamente, puedan quizá ejercitarse inútilmente: hemos preparado nuestro espíritu para asumir la pobreza, pero hemos seguido siendo ricos; nos hemos fortalecido para menospreciar el dolor, pero la suerte de un cuerpo sano y vigoroso nunca nos permitirá poner a prueba esta virtud; nos hemos adiestrado para soportar con fortaleza la añoranza por nuestros difuntos, pero la fortuna nos ha conservado vivos a todos los que amábamos. (19) Sin embargo, indefectiblemente llegará el día en que se nos exija la preparación para este único asunto.

No tienes por qué pensar que solo los grandes hombres tienen la fuerza necesaria para romper las cadenas de la servidumbre humana; no tienes por qué creer que esto solo puede ser hecho por Catón, quien extrajo con sus manos el alma que no había salido por medio de la espada;[7] hombres de muy humilde condición se pusieron

---

7 Vid. *Epístola* 24, notas 5, 6 y 7.

en lugar seguro con gran coraje, y, cuando no les fue lícito morir como querían y elegir los instrumentos para
morir según su criterio, cogieron cualquier cosa que
tuviesen a mano y con su propia fuerza convirtieron en
armas contra sí mismos objetos en principio inofensivos.

(20) Hace poco, en un espectáculo de fieras salvajes,
uno de los gladiadores germanos que estaba preparándo-
se para la sesión de la mañana se retiró a las letrinas para
evacuar —no había para él ningún otro lugar oculto y
sin guardia—; allí, el palo de la esponja que se utiliza
para la limpieza lo introdujo entero en su garganta y,
anulada cualquier posibilidad de respirar, murió. Esto
fue hacer burla a la muerte. Así lo hizo; sin duda, poco
limpiamente y poco decentemente; ¿qué puede haber
más estúpido que morir con muchos remilgos? (21)
¡Oh, varón fuerte! ¡Oh, hombre digno de haber podido elegir su propio destino! ¡Con qué valentía habría
utilizado la espada, con qué bravura se habría arrojado
a las simas profundas del mar o del acantilado más es-
carpado! Desprovisto de todo, encontró cómo deberse
solo a sí mismo la muerte y el arma con que ejecutar-
la, para que sepas que ninguna otra cosa es obstáculo
para alcanzar la muerte, sino la voluntad de querer. Que
se juzgue la acción de este hombre tan valiente como a
cada cual parezca, con tal de que quede constancia de
esto: es preferible una muerte muy sucia a una limpí-
sima esclavitud.

(22) Puesto que he empezado a utilizar ejemplos de
baja condición, continuaré con ellos, pues cada cual exi-
girá más de sí mismo si ha visto que este asunto puede

ser despreciado incluso por los más despreciados. Consideramos que son inimitables los Catones y Escipiones y otros cuyos nombres estamos acostumbrados a oír con admiración; yo demostraré ahora que esta elevada virtud encuentra tantos ejemplos en los espectáculos del anfiteatro como entre los generales de la guerra civil.

(23) No hace mucho, un individuo era trasladado en un carro para participar en los juegos de la mañana; como si todavía estuviera somnoliento, bamboleaba su cabeza hasta que consiguió colocarla entre los radios de la rueda; se mantuvo en esta postura durante un tiempo hasta que consiguió romperse el cuello con un giro de la rueda. Escapó gracias al mismo vehículo que le llevaba al suplicio.

(24) No hay ningún obstáculo para el que desea romper amarras y salir; la naturaleza nos custodia en campo abierto. Quien se ve apremiado por la necesidad ha de procurarse un final plácido; quien tiene a su alcance varias posibilidades para salir de la esclavitud, que elija la que quiera y considere cuál es el medio preferible para liberarse; quien no tiene una oportunidad fácil a su disposición, que coja la que se le presente como la mejor, aunque sea inaudita, aunque sea novedosa. A quien no le falte el ánimo, no le faltará ingenio para encontrar la muerte.

(25) ¿Ves cómo hasta los últimos esclavos, cuando el dolor les espolea, se levantan y engañan a los guardianes más estrictos? Este me parece a mí un gran hombre, el que ordenó su propia muerte y encontró el camino para cumplir tal orden. Te he prometido más ejemplos tomados

del anfiteatro. (26) Durante la segunda naumaquia,[8] uno de los bárbaros clavó entera en su cuello la lanza que había recibido para luchar contra sus adversarios. «¿Por qué?», dijo, «¿Por qué no escapo ahora mismo de todo este suplicio, de todo este ultraje? ¿Por qué, teniendo las armas en mi mano, espero la muerte?». Este espectáculo resultó tanto más impresionante cuanto es más honesto que los hombres aprendan a morir que a matar.

(27) Entonces, ¿qué decimos? ¿Lo que tienen los espíritus extraviados e incluso culpables no lo tendrán aquellos a quienes una larga meditación y la razón, maestra de todas las cosas, aleccionó contra estos azares? Ella nos enseña que los accesos a la muerte son diversos, pero el final es el mismo: nada importa dónde empieza lo que llega puntualmente. (28) Esta misma razón aconseja que, si te está permitido, mueras como te plazca, y, si no, como puedas, y que eches mano de lo que encuentres para acabar con tu vida. Es malo vivir del robo; por el contrario, es muy hermoso morir gracias a un robo.

Que sigas bien.

---

8   Espectáculo en el que se representaba una batalla naval. Aquí Séneca parece referirse a la segunda de las celebradas por Nerón, en el año 64 a. C.

LIBRO IX

EPÍSTOLA 77

SÉNECA A SU QUERIDO LUCILIO. SALUD

Espera Séneca en el puerto de Putéolos las naves mensajeras que han de traerle noticia de sus posesiones en Egipto. En realidad, no le importa en qué estado se encuentren, pues siente que está al final de una vida que quizá no deba conservarse hasta el final. Cuenta a tal propósito los suicidios ejemplares de Tulio Marcelino, amigo de Lucilio, y de un adolescente espartano. Nuestro autor parece hablar consigo mismo cuando instruye cómo enfrentarse a la muerte, cuando invita a tomar la última decisión si uno cree que ha llegado el momento. Los placeres y los afectos humanos que nos retienen no significan gran cosa; poco importa en qué momento los abandonemos.

Hoy se han presentado sin que las esperásemos las naves de Alejandría, esas que se envían por delante y anuncian la llegada de la flota que vendrá a continuación. Las llaman mensajeras. Su presencia es grata para Campania; toda la turba se agolpa en los muelles de Putéolos y por la clase de velas desplegadas distingue a las alejandrinas entre la multitud de navíos; solo a ellas les está permitido desplegar la gavia que todas las naves mantienen extendida en alta mar. (2) Nada ayuda tanto en la travesía como la parte superior del velamen; gracias a ella, la nave se acelera a gran velocidad. Así que, cada vez que el viento se encrespa y sopla con más fuerza de lo conveniente, la antena se baja, pues la fuerza del viento es menor en la parte de abajo. Cuando han entrado por Cápreas[1] y por el promontorio «desde cuya tempestuosa cima Palas contempla la alta mar»,[2] a las demás se les ordena contentarse con la vela mayor para que la gavia de las alejandrinas sea más notoria.

(3) En medio de la carrera de todos los que corrían hacia la playa, sentí un gran placer por mi pereza, porque, aunque iba a recibir carta de los míos, no me apresuré a saber cuál es el estado de mis posesiones en aquel país ni qué noticias traían: hace tiempo que ni pierdo ni gano nada con ellas. Esto debería sentirlo así, incluso si no fuera un anciano, pero ahora con mayor razón, pues, si tengo alguna propiedad, por pequeña que sea, me sobra viático para la vía,[3] sobre todo cuando nos hemos

---

1   Putéolos, actual Pozzuoli, era una ciudad de la región de Campania, al sur de Roma y en la costa del Tirreno, muy cerca de Nápoles. A su puerto llegaban los barcos procedentes de Alejandría, cargados con el trigo de Egipto que se distribuía gratuitamente a la plebe. Cápreas es la actual isla de Capri.

2   Verso de autor desconocido.

3   Mantenemos aquí el juego de palabras del propio autor: *iam mihi superesset viatici quam viae.*

adentrado en una vía que no es necesario recorrer hasta el final.[4] (4) Un trayecto queda incompleto si te detienes en medio del camino o cerca del lugar al que querías llegar; la vida no está incompleta si es honesta; donde quiera que abandones, si abandonas bien, será una vida plena. Con frecuencia es necesario abandonar con valentía y no por las causas más importantes, pues no son las más importantes las que nos detienen.

(5) Tulio Marcelino, a quien llegaste a conocer muy bien, joven apacible envejecido prematuramente, afectado por una enfermedad no incurable, pero sí larga y penosa y que requería muchas atenciones, empezó a deliberar si darse muerte. Reunió a algunos amigos. Uno de ellos, como era cobarde, aconsejó a aquel lo que se hubiera aconsejado a sí mismo; otro, porque era adulador y lisonjero, le dio el consejo que sospechaba iba a ser más grato a quien dudaba qué hacer.

(6) Un estoico amigo nuestro, hombre eminente y —para elogiarle con las palabras con que es digno ser elogiado— valiente y enérgico, aconsejó a aquel, según creo, de forma excelente. Empezó así: «No te atormentes, mi querido Marcelino, como si deliberases por algo importante. Vivir no es cosa importante; todos tus siervos viven, todos los animales; es importante morir honorablemente, sabiamente, valientemente. Piensa cuánto

---

4 Séneca escribe aquí una idea repetida en otros lugares de su obra. No es necesario llegar hasta el final de la vida; la puerta está abierta para salir cuando uno así lo decida.

tiempo llevas haciendo lo mismo: el alimento, el sueño, el sexo…, en este círculo nos movemos. No solo puede desear morir el sabio, el valiente o el desgraciado, también el que está harto de vivir».

(7) Tulio Marcelino no necesitaba un consejero, sino un colaborador, pero los siervos no querían obedecerle. Primero les quitó el miedo, advirtiéndoles que solo había peligro para la servidumbre si era dudoso que la muerte del amo hubiese sido voluntaria.⁵ Por otro lado, les hizo ver que tan mal ejemplo era matar al amo como impedirle la muerte. (8) Después, aconsejó al propio Marcelino que no fuese desconsiderado, que, igual que una vez acabada la cena los restos se reparten entre los siervos que están presentes, una vez acabada la vida se concedía algo a esos que habían sido los servidores de toda su vida. Era Marcelino de espíritu desprendido y generoso, incluso cuando se trababa de su propio dinero; así pues, distribuyó pequeñas sumas entre sus dolientes siervos y además los consoló.

(9) No tuvo necesidad de cuchillo ni de sangre. Guardó abstinencia durante tres días y mandó colocar un tabernáculo en su dormitorio. Después hizo traer una bañera en la que yació durante mucho tiempo mientras iba perdiendo energía con el agua caliente que le echaban

---

5 Los esclavos temían ser acusados de haber matado a Marcelino. Para prevenir la posible violencia de los esclavos contra sus amos, existían en Roma leyes que, en casos dudosos, culpaban a los esclavos del asesinato de su señor y, además, con una responsabilidad compartida que afectaba al conjunto de la servidumbre.

ininterrumpidamente, no sin cierto placer, según decía; ese placer que suele provocar el suave desfallecimiento que hemos experimentado quienes hemos padecido desmayos en alguna ocasión.

(10) Me he alargado en una historia no desagradable para ti, pues sabrás que el final de tu amigo no fue difícil ni desgraciado. Aunque se dio muerte, se marchó sin estridencias y escapó de la vida. Pero esta historia no habrá sido inútil; a menudo la necesidad reclama ejemplos como este. A menudo debemos morir y no queremos; morimos y nos resistimos a morir. (11) Nadie es tan ignorante que no sepa que alguna vez debe morir. Sin embargo, cuando la muerte se acerca, busca escapatorias, tiembla, gime. ¿Acaso no te parece el más estúpido de todos quien lloró por no haber vivido mil años antes? Es igual de estúpido quien llora por no vivir mil años después. Son cosas semejantes: ni serás ni has sido; uno y otro tiempo te son ajenos.

(12) Situado en este punto en el que ahora estás, ¿hasta dónde lo prolongarás cuando quieras prolongarlo? ¿Por qué lloras? ¿Por qué suplicas a los dioses? Pierdes el tiempo.

«Deja de esperar que los designios de los dioses cambien con tus ruegos».[6]

Son fijos e inmutables y están guiados por un destino superior y eterno: irás allí donde va todo. ¿Qué hay

---

6   *Cf.* Virgilio, *Eneida*, VI 376. Palabras de la Sibila de Cumas dirigidas a Palinuro.

de nuevo para ti? Has nacido con esta ley; esto le ocurrió a tu padre, le ocurrió a tu madre, a tus antepasados, esto ocurrió a todos los que fueron antes de ti y a todos los que vendrán después de ti. Te encadenó esta sucesión invencible del tiempo que no puede ser modificada con ningún recurso y que arrastra todas las cosas.

(13) ¡Cuántos mortales te seguirán! ¡Cuántos te acompañarán! Serías más valiente, según creo, si muriesen contigo muchos miles; sin embargo, en el mismo momento en que tú dudas si debes morir, muchos miles de hombres y de animales expiran de diversas maneras. ¿No pensabas que alguna vez ibas a llegar a ese lugar al que continuamente te dirigías? No hay ningún trayecto que no tenga salida.

(14) ¿Crees que ahora te voy a contar ejemplos de hombres ilustres? Te los contaré de niños. Ha pasado a la historia aquel lacedemonio, todavía imberbe, que, cuando fue hecho prisionero, gritaba en su dialecto dórico: «No seré esclavo»; y cumplió su palabra. Tan pronto como le fue ordenado cumplir un oficio servil y degradante (se le había ordenado trasladar un orinal), se abrió la cabeza arrojándose contra la pared.

(15) ¿Tan cerca está la libertad y hay todavía algún esclavo? ¿No prefieres que tu propio hijo muera de este modo antes de que se haga viejo por simple inercia? Entonces, ¿qué razón hay para que te asustes, si morir valientemente es también propio de un niño? Supón que no quieres seguir, te llevarán hacia adelante. Haz que el derecho sea tuyo y no de otro. ¿No asumirás el espíritu de un niño para decir «no soy esclavo»? Infeliz, eres

esclavo de los hombres, eres esclavo de las cosas, de la vida; pues la vida, si el valor de morir desaparece, se convierte en servidumbre.

(16) ¿Hay acaso alguna causa por la que debas esperar? Has agotado ya esos placeres que te retrasan y retienen. No hay para ti nada nuevo; ninguna cosa que no te resulte detestable por su propia hartura. Conoces cómo es el sabor del vino y del mulso; no hay diferencia alguna si por tu vejiga pasan cien o mil ánforas; eres un filtro. Conoces bien a qué sabe la ostra y el salmonete, tu voluptuosidad no ha dejado nada sin tocar para años venideros. Sin embargo, estos son los placeres de los que serás privado contra tu voluntad.

(17) ¿Qué otra cosa hay que lamentes haber perdido? ¿Amigos? ¿Sabes tú ser amigo? ¿La patria? ¿La tienes en tanto aprecio como para retrasar tu cena? ¿El sol? Al que, si pudieras, extinguirías; ¿qué has hecho tú alguna vez que sea digno de su luz? Confiesa que no es el senado ni el foro ni la propia añoranza de la naturaleza lo que retrasa tu decisión de morir: abandonas de mala gana un mercado, en el que no abandonas nada.

(18) Temes la muerte, pero ¡cómo la desprecias mientras te atracas a setas! ¿Quieres vivir? ¿Acaso, sabes? Temes morir. ¿Por qué razón? ¿No es la muerte esta vida? Mientras Gayo César[7] cruzaba la vía Latina uno del batallón de centinelas, con barba encanecida y larga hasta el pecho, le rogó la muerte. «¿Acaso ahora vives?»,

---

7   Gayo Julio César, el emperador Calígula.

le respondió. Esto debe responderse a aquellos para quienes la muerte va a ser un socorro: «Temes morir, ¿acaso ahora vives?».

(19) «Pero yo», dirá otro, «quiero vivir, pues hago muchas cosas honestamente; abandono de mala gana los deberes de la vida que cumplo fiel y activamente». ¿Y qué? ¿No sabes que uno de esos deberes de la vida es morir? No abandonas ningún deber; no existe un número fijo que debas completar.

(20) Ninguna vida es larga, pues, si atiendes a la naturaleza de las cosas, es breve incluso la de Néstor y la de Satia,[8] quien ordenó que se inscribiera en su lápida que había vivido noventa y nueve años. Ya ves; alguien que se vanagloriaba de una larga senectud. ¿Quién habría podido soportarla si hubiese alcanzado los cien?

Como en un drama, así en la vida: no hay que mirar cuánto dura, sino si está bien representado. No tiene importancia en qué lugar abandones. Abandona donde quieras; pero ponle un buen final.

Que sigas bien.

---

8   Néstor es el más anciano de los aqueos que combatieron contra los troyanos, reconocido por su sabiduría. Su longevidad es proverbial. Satia fue una matrona romana que murió a los 99 años en tiempos del emperador Claudio.

SÉNECA A SU QUERIDO LUCILIO. SALUD

Extensa carta en la que Séneca intenta infundir ánimos en Lucilio enfermo. Él filósofo también fue víctima de una grave enfermedad y la superó sobre todo con ayuda de la filosofía y de la cercanía de amigos y familiares. Séneca nos muestra una vez más sus excelentes conocimientos psicológicos: las enfermedades son muchas veces producto de los males del espíritu y es muy probable que, si prestamos a este la debida atención, superemos antes las enfermedades. Es fundamental, como en otros casos, eliminar el miedo a la muerte y no dejarse llevar por la opinión. El deber del enfermo es hacer frente a la enfermedad y a los dolores que conlleva, que no son tan crueles y duraderos como normalmente se dice. Séneca transmite algunas afirmaciones de carácter fisiológico, un tanto sorprendentes, que nos ayudan a conocer los conocimientos médicos de aquella época.

Lamento que seas maltratado por los frecuentes catarros y las febrículas que siguen a los largos catarros y se hacen crónicas; más lo lamento sobre todo porque he experimentado este tipo de afecciones, que en sus inicios menosprecié —mi juventud podía entonces soportar los daños y comportarse orgullosamente contra las enfermedades—, pero después sucumbí y llegué a tal extremo que yo mismo me deshacía gota a gota, llegando a una extrema delgadez. (2) A menudo tomé la decisión de quitarme la vida, pero me contuvo la ancianidad de mi bondadosísimo padre. Pensé, ciertamente, no en cuánto valor necesitaría yo para afrontar la muerte, sino en cuánto valor necesitaría él para afrontar mi ausencia. Así que me ordené vivir; a veces también vivir es actuar valerosamente.

(3) Te diré qué cosas fueron entonces un consuelo para mí, si antes me dejas decirte que los mismos pensamientos con los que buscaba la tranquilidad tuvieron el efecto de una medicina. Los honestos principios de consuelo se convierten en remedios. Nuestros estudios fueron para mí la salvación. Pongo en el haber de la filosofía la razón de mi mejoría y la causa de mi restablecimiento. A ella debo la vida, nada menos que la vida. (4) También los amigos contribuyeron grandemente a mejorar mi salud; me reponía con sus consejos, con su atención y con sus conversaciones. No hay nada, Lucilio, óptimo amigo, que restablezca mejor al enfermo y le ayude tanto como el afecto de los amigos, no hay nada más eficaz ante la expectativa y el miedo a la muerte. Pensaba —lo diré— no que iba a vivir con ellos, sino a través de ellos; no que iba a exhalar el alma, sino que la iba a entregar. Todo esto me infundió el coraje de ayudarme

a mí mismo y de soportar todo el sufrimiento; por otra parte, sería lamentabilísimo que, cuando has desechado el propósito de morir, no tuvieras el propósito de vivir.

(5) Hacia estos remedios te dirijo. El médico te aconsejará cuánto debes andar y qué ejercicios debes realizar; que no te acomodes en la inacción, hacia la que tiende una salud debilitada; que leas en alto y que ejercites la respiración para que trabajen los conductos y el depósito; que navegues y hagas mover tus órganos internos; qué alimentos debes consumir; cuándo has de recurrir al vino para fortalecerte y cuándo has de dejarlo de beber para que no excite la tos y la exaspere. Yo solo te aconsejo esto, no solo como remedio de la enfermedad sino de la vida entera: despreciar la muerte. Nada es triste cuando hemos escapado al temor que provoca.

(6) Tres cosas hay muy penosas en toda enfermedad: el miedo a la muerte, el dolor corporal y la interrupción de los placeres. Del miedo a la muerte se ha dicho bastante, solo añadiré esto: que no procede de la enfermedad, sino de la naturaleza. La enfermedad difirió la muerte de muchos y fue salvación para aquellos que parecía iban a morir. Morirás, no porque estás enfermo, sino porque estás vivo. Es asunto que te espera, incluso si has sanado; cuando te hayas recuperado, no habrás escapado a la muerte, sino a la enfermedad.

(7) Volvamos ahora al malestar propio de la enfermedad: es verdad que provoca grandes padecimientos, pero algunas treguas los hacen tolerables. Ciertamente, el dolor encuentra su fin en el punto álgido; nadie puede tener mucho dolor durante mucho tiempo, pues

la naturaleza, que nos ama entrañablemente, lo dispuso así, que el dolor fuese o breve o tolerable.

(8) Los más grandes dolores se sitúan en las partes
más blandas del cuerpo: nervios, articulaciones y cualquier
parte que sea endeble desarrolla un dolor muy agudo si
la lesión se concentra en un área muy reducida. Sin embargo, rápidamente estas partes se embotan y pierden la
sensación de dolor por el propio dolor, ya sea porque la
respiración, apartada de su curso natural y desviada, pierde la fuerza que le es propia, con la que se robustecen y
estimulan los otros órganos, ya sea porque el humor co-
rrompido, cuando deja de tener por donde fluir, irrumpe
sobre sí mismo y corta la sensación de esas partes que ha
inundado en demasía. (9) Así, la gota de los pies y de las
manos y todo el dolor de las vértebras y de los nervios
cesa a intervalos cuando la parte que provocaba el sufrimiento se embota; en todos estos órganos hay al principio
un dolor agudo que provoca sufrimiento, con el tiempo
el ataque se amortigua y el dolor finaliza con la insensibilidad. El dolor de dientes, de ojos y de oídos es muy
agudo, precisamente por eso mismo que apuntaba, porque surge en áreas pequeñas del cuerpo; y, por Hércules,
lo mismo ocurre con el dolor de cabeza. Pero si el dolor
se intensifica, se convierte en aturdimiento y sopor.

(10) Así pues, este es el consuelo de un gran dolor:
que necesariamente dejas de sentirlo si lo sientes demasiado. Otra cosa es lo que hace sufrir a los que desconocen
las causas del sufrimiento corporal: no tener costumbre
de estar conciliados con su espíritu y ocuparse mucho de
su cuerpo. Por eso el hombre grande y prudente aleja

su espíritu del cuerpo y dedica mucha atención a la parte mejor y divina y solo la imprescindible a esa que es quejosa y frágil.

(11) «Pero es molesto», dice, «carecer de los placeres acostumbrados, abstenerse de algunos alimentos, pasar sed y hambre».¹ Al principio, esas abstinencias resultan molestas, después el apetito se va perdiendo por el agotamiento y la disfunción de los mismos sentidos que provocan nuestro deseo; entonces, el estómago se cierra, y donde hubo hambre aparece aversión a la comida. Las ganas desaparecen, pero no resulta penoso carecer de lo que has dejado de desear.

(12) Añade que no hay ningún dolor que no se calme a intervalos o incluso que remita. Añade que es posible prevenirse frente a su llegada y aplicar remedios cuando su presencia es inminente; no hay ninguno que no emita señales de su llegada, sobre todo, el que suele repetirse. El padecimiento de la enfermedad es tolerable si se ha menospreciado su amenaza más extrema.

(13) No quieras agravar tus males y aumentarlos con tus lamentos; el dolor es leve si no lo aumentamos con nuestra opinión. Por el contrario, si empiezas a animarte y a decirte: «No es nada o, en todo caso, poca cosa; aguantemos; ya pasará», lo harás leve si así lo consideras. Todo depende de la opinión. No solo la ambición, el lujo y la

---

¹ Como en otras ocasiones, Séneca introduce un interlocutor imaginario, que sucesivamente va poniendo objeciones a los argumentos de Séneca. El procedimiento es propio de la diatriba, forma literaria muy utilizada en los tratados de filosofía.

avaricia la tienen en cuenta, también sentimos dolor de acuerdo con la opinión. (14) Cada uno es tan infeliz como imagina serlo. Creo que hay que suprimir las lamentaciones por los dolores ya superados y palabras de este estilo: «A nadie nunca le fue peor. ¡Qué suplicios, cuántos males soporté! Nadie pensó que podría recuperarme. ¡Cuántas veces fui llorado por los míos, cuántas veces desahuciado por los médicos! Ni en el potro de tortura se sufre tanto». Incluso si tales cosas son ciertas, ya pasaron; ¿por qué resulta agradable recuperar los dolores superados y ser infeliz por haberlo sido? ¿Por qué no hay nadie que no exagere sus males y se mienta a sí mismo? Además, si fue penoso soportarlo, resulta agradable haberlo superado: es natural alegrarse del final del infortunio.

Hay dos cosas que debemos apartar: el temor al futuro y el recuerdo de una antigua desgracia; esta ya no me afecta y aquel todavía no. (15) Quien se encuentra en tales circunstancias, debe decir: «Quizá algún día me agradará recordar estas cosas».[2] Ha de resistirse con todo el ánimo; será vencido si abandona, vencerá si se rebela contra su dolor. Ahora, sin embargo, la mayoría atraen sobre sí mismos el desastre al que deben enfrentarse. Si empiezas a debilitarte ante el mal que te oprime, te desgasta y te agobia, proseguirá y te abatirá más gravemente; si, por el contrario, te mantienes firme y con voluntad de resistir, será rechazado.

---

2   Es un verso de Virgilio (*Eneida*, I 203). Palabras de Eneas a sus compañeros cuando han superado la tempestad.

(16) ¡Cuántos golpes reciben los atletas en el rostro! ¡Cuántos en todo el cuerpo! Sin embargo, soportan todo el sufrimiento por afán de gloria y no solo porque luchan soportan esto, sino para poder luchar: el mismo entrenamiento es un tormento. También nosotros superemos todo esto; no tenemos como premio la corona o la palma ni el trompeta que impone silencio antes de declarar nuestro nombre,³ sino la virtud y la firmeza de espíritu y una paz asegurada para el resto de la vida, si por una vez en algún combate la fortuna es derrotada.

(17) «Siento un dolor intenso». ¿Y qué? ¿Acaso no lo sentirías si lo sobrellevases tal como lo hacen las mujeres? Igual que el enemigo es más dañino con los que huyen, toda calamidad fortuita se ensaña más con el que se retira y le da la espalda. «Pero es intenso». ¿Y qué? ¿Acaso nos han hecho fuertes para que afrontemos dificultades livianas? ¿Quieres que la enfermedad sea larga o breve y rápida? Si es larga, tiene alguna interrupción, da ocasión al restablecimiento, proporciona mucho tiempo y necesariamente pasa por una fase álgida antes de terminar. La enfermedad breve y precipitada hará una de estas dos cosas: o se extinguirá ella o nos extinguirá. ¿Qué importa que sea ella o sea yo? En uno y otro caso es el fin del dolor.

(18) Esto también te será provechoso, dirigir tu mente a otros pensamientos y apartarla del dolor. Piensa en algo que hiciste con honestidad o valerosamente;

---

3 Premios y procedimientos que se otorgaban en los espectáculos romanos como reconocimiento al vencedor de las diferentes pruebas.

rememora contigo mismo tus buenos momentos; dispersa tus recuerdos por lo que más has admirado; que venga a ti el individuo más valeroso, el que fue capaz de vencer al dolor; aquel que mientras ofrecía sus varices para que fueran operadas, continuó leyendo un libro; aquel que no dejó de reír aun cuando sus torturadores encolerizados probaron todas las herramientas de su crueldad contra él. ¿El dolor que es vencido por la risa no será vencido también por la razón?

(19) Dime ahora el padecimiento que quieras: los catarros y la violencia de una tos continua que arrastra parte de las entrañas, la fiebre que abrasa los órganos vitales, la sed, miembros retorcidos de distintos modos por la desviación de las articulaciones; y otras peores: el fuego, el potro, las planchas ardientes, y ese instrumento que aplicado sobre las heridas tumefactas las reaviva y las hace más profundas. En medio de estos suplicios hubo quien no gimió; más aún: no rogó; más aún: no respondió; más aún: se rio y con ganas. ¿Querrás tú reírte del dolor, siguiendo estos ejemplos?

(20) «Pero la enfermedad», dices, «no me permite hacer nada y me aparta de todas mis obligaciones». La enfermedad se ha apoderado de tu cuerpo, pero no de tu mente; retrasa los pies del corredor y dificulta las manos del zapatero o del artesano, pero, si tienes costumbre de utilizar la mente, aconsejarás, enseñarás, escucharás, aprenderás, preguntarás y recordarás. ¿Y qué? ¿Crees que no haces nada si llegas a ser un enfermo atemperado? Demostrarás que puedes superar la enfermedad o al menos soportarla.

(21) Créeme, también en el lecho hay ocasión para la virtud. No solo las armas y el campo de batalla dan pruebas de un ánimo valiente e indómito ante los temores; un hombre valeroso se muestra incluso en su forma de vestir. Tienes un deber que cumplir: luchar bien con la enfermedad. Si no te ha obligado a nada y nada ha obtenido de ti, mostrarás un ejemplo insigne. ¡Qué gran materia para la gloria tendríamos, si se nos contemplara mientras estamos enfermos! Contémplate a ti mismo y elógiate a ti mismo.

(22) Además, hay dos tipos de placeres. La enfermedad suspende los corporales, pero no los suprime; es más, si lo miras bien, los estimula. Agrada más beber al que tiene sed; la comida es más grata para el que tiene hambre; lo que se consigue después de la abstinencia, se toma más ávidamente. Por su parte, los placeres del espíritu, que son más intensos y verdaderos, ningún médico los niega al enfermo. Quien sigue a estos y los comprende bien, menosprecia todos los halagos de los sentidos.

(23) «¡Oh, infeliz enfermo!». ¿Por qué razón? ¿Porque no diluye la nieve en el vino? ¿Porque no renueva el frío de la bebida que ha mezclado en una copa de gran capacidad, añadiendo un trozo de hielo? ¿Porque no se abren para él en la misma mesa ostras del lago Lucrino?⁴ ¿Porque no hay a su alrededor un tumulto de cocineros llevando las viandas en los mismos hornillos? Esto

---

4 Las ostras del Lucrino eran un manjar particularmente apreciado. Este lago se ubicaba en el golfo de Cumas.

es, ciertamente, lo que ha imaginado ahora la suntuosidad: para que ningún alimento se enfríe, para que nada vaya a resultar poco ardiente al paladar ya encallecido, ha trasladado la cocina a la cena.

(24) «¡Oh, infeliz enfermo!». Comerá cuanto pueda digerir; no verá ante sus ojos un jabalí desterrado de la mesa por ser manjar demasiado común, ni se colocarán en su bandeja un montón de pechugas de aves (pues las aves enteras resulta fastidioso verlas). ¿Qué mal se te ha hecho? Cenarás como un enfermo o quizá, por una vez, cenarás como un hombre sano.

(25) Pero superaremos fácilmente todo esto: la poción curativa, el agua caliente y cuanto parece intolerable a los melindrosos que se deshacen en el lujo, más enfermos de espíritu que de cuerpo; para ello solo tenemos que apartar el miedo a la muerte. Lo apartaremos si llegamos a conocer los límites entre el bien y el mal; solo así ni la vida nos producirá hastío ni la muerte temor.

(26) Pues el hastío de uno mismo no puede adueñarse de una vida pendiente de cuestiones tan variadas, grandes y divinas: es el ocio inactivo el que suele conducirla al odio a sí misma. La verdad nunca resultará tediosa para el que indaga la naturaleza de las cosas; sin embargo, le hartarán las falsedades. (27) Por otro lado, si la muerte se le acerca y le reclama, aunque sea temprana, aunque trunque una edad mediana, habrá recibido el fruto de una vida muy larga. Él conoce en buena medida la naturaleza; sabe que lo honesto no crece con el paso del tiempo; es a esos que la miden por sus placeres,

imaginarios y por eso ilimitados, a quienes parece breve una vida entera.

(28) Entretente con estos pensamientos y distráete de vez en cuando con mis cartas. Llegará alguna vez el tiempo que nos una de nuevo y nos permita estar juntos. Por más que sea corto, lo haremos largo si lo sabemos utilizar. Pues, como dice Posidonio, «un solo día de los hombres instruidos es más extenso que la vida muy larga de los ignorantes».[5] (29) Entretanto, ten esto en cuenta y grábatelo: no desfallecer en la adversidad, no confiar en la prosperidad, tener a la vista el capricho universal de la fortuna sabiendo que todo lo que pueda hacer lo hará. Se asume con más facilidad lo que se ha esperado durante mucho tiempo.

Que sigas bien.

---

5   Posidonio de Apamea, uno de los grandes filósofos del llamado «estoicismo medio». Solo nos quedan de sus obras algunos fragmentos y numerosos testimonios indirectos que dan prueba de su enorme prestigio. Vivió entre el año 131 y el 51 a. C.

LIBRO XIV

EPÍSTOLA 91

SÉNECA A SU QUERIDO LUCILIO. SALUD

Comenta Séneca con Lucilio el incendio que ha asolado por completo la ciudad de Lyon. Ebucio Liberal, amigo de ambos y nacido en esa ciudad, se encuentra lógicamente consternado a pesar de ser seguidor del estoicismo y estar, por tanto, preparado contra los infortunios. Séneca también ha intentado consolarle con algunos de los comentarios que leemos en esta epístola: debemos tener presente que estamos en manos de la fortuna y que esta tiene poder para provocar los desastres que se le antojen. Nuestra obligación es anticiparnos e intentar que ninguna desgracia nos sorprenda, porque los males que no se esperan son siempre más graves. Vivimos en medio de lo que está destinado a perecer, no solo ciudades o construcciones realizadas por el hombre, sino también parajes y regiones naturales; la muerte forma parte de la vida y debemos acostumbrarnos a su presencia, sabiendo que no es un mal. No hay que dejarse llevar por su mala fama. No estamos en poder de la muerte, sino que ella está en el nuestro.

La noticia del incendio que ha asolado la colonia de
Lyon ha entristecido a nuestro Liberal;[1] es un acciden-
te que puede conmover a cualquiera, mucho más a un
hombre profundamente enamorado de su patria natal.
Este hecho le ha impulsado a buscar la firmeza de ánimo que, sin duda, ejercitó frente a las situaciones que
pensaba podían provocar temor. Pero esta desgracia es
tan inesperada y casi tan inaudita que no me sorprende-
ría que se haya producido sin que nadie la temiera, pues
carece de precedente. Ciertamente, un incendio ha azo-
tado a muchas ciudades, pero a ninguna ha destruido
por completo. Incluso cuando el fuego contra las casas
fue provocado por las manos del enemigo, no prosperó
en muchos lugares y, aunque fuera atizado, raramente
fue tan devastador que no dejase nada a los estragos de
las armas.[2] Es también extraño que un terremoto sea
tan grave y devastador como para destruir por completo toda una ciudad. Nunca, en fin, prendió en lugar alguno un incendio tan catastrófico que no dejase pasto
para otro incendio.

---

1   Ebucio Liberal, un amigo de Séneca, oriundo de Lyon, a quien
dedicó el tratado *De beneficiis*. Este devastador incendio de Lyon se
produjo a finales del año 64, pocos meses después del gran incendio de
Roma (julio del 64), al que sorprendentemente nuestro autor no hace
ninguna alusión. Quizá para hacer notar la diferencia entre un incendio provocado por causas naturales y otro que no lo fue.

2   Se refiere Séneca a las ciudades conquistadas en las guerras,
frecuentemente incendiadas por los vencedores, aunque no hasta tal
punto o tan profundamente que no fuera necesario intervenir con las
armas para concluir la destrucción y la masacre.

(2) Tantas obras hermosísimas, capaces por sí solas de hacer famosas a distintas ciudades, una sola noche las destruyó, y esto ha ocurrido en medio de una paz extraordinaria, en la que ni siquiera una guerra era previsible. ¿Quién podría creer esto? Con las armas apaciguadas en todas partes, cuando la seguridad estaba extendida por todo el mundo, Lyon, que era emblema de la Galia, ha desaparecido. A todos esos a los que afligió una calamidad pública se les permitió sentir miedo por lo que iban a padecer; ninguna gran construcción careció de cierto espacio de tiempo antes de su ruina; en esta ocasión una sola noche se interpuso entre una gran ciudad y la nada. En fin, empleo más tiempo en contarte que ha sucumbido de lo que ella tardó en sucumbir.

(3) Todo esto debilita el ánimo de nuestro Liberal, siempre firme y animoso ante cualquier circunstancia. No sin razón se encuentra abatido, pues las desgracias que no se esperan resultan más graves; la novedad añade peso a las calamidades y no existe mortal alguno a quien no haya conmovido más la desgracia que también le ha sorprendido. (4) Por eso nada debe ser imprevisto para nosotros; nuestra mente ha de anticiparse a todo lo que ocurre y debe pensar no en lo que suele, sino en lo que puede suceder.

¿Qué hay, ciertamente, que la fortuna no pueda arrebatar, cuando así le place, incluso en los momentos más florecientes? ¿Qué cosa que ella no ataque y golpee más duramente, precisamente por eso, porque resplandece con más esplendor? ¿Qué hay para ella que resulte arduo o difícil? (5) No explora una única vía, ni siquiera la más probada: unas veces convoca la mano del hombre para

que la usemos contra nosotros mismos; otras, contenta
con sus propios recursos, inventa los peligros sin que haya
un responsable. Ningún tiempo se exceptúa; en medio de
los placeres aparecen causas de dolor. La guerra estalla en
medio de la paz y los baluartes de nuestra seguridad se
vuelven en causa de temor: el amigo se convierte en adversario y el aliado, en enemigo. La tranquilidad estival
se troca en una repentina tempestad, superior a las inver-
nales. Padecemos adversidades sin necesidad de un adversario y, si faltan otras, una excesiva felicidad encuentra
para sí misma causas de infortunio. La enfermedad afecta a los más sobrios, la tisis a los que gozan de buena salud, el castigo a los más inocentes, el tumulto a los que
buscan el retiro; el azar elige algún procedimiento novedoso para mostrar su poder, por si se nos había olvidado.

(6) Todo aquello que se construyó en largo espacio de
tiempo, con muchos esfuerzos y con la indulgencia de los
dioses, un solo día lo diluye y dilapida. Largo retraso dio
a los males que se avecinan quien habló de un día; una
hora y un breve espacio de tiempo fue suficiente para destruir imperios. Habría cierto consuelo para nuestra debilidad y para nuestras cosas si todas pereciesen con la misma
rapidez que se hacen, pero los crecimientos se producen
lentamente y la debacle se precipita. (7) Nada público ni
privado es estable; mudan los hados de los hombres y de
las ciudades. Cuando las cosas transcurren apaciblemen-
te, surge el terror; y los males, sin que haya nada que desde fuera lo provoque, irrumpen donde menos se espera.
Reinos que sobrevivieron a guerras internas y externas
sucumben sin que nadie lo haya provocado.

¡Qué pocas ciudades han soportado la prosperidad! Por eso, debemos pensar en todo y preparar nuestro espíritu contra lo que puede ocurrir. (8) Meditar en el destierro, en los padecimientos de la enfermedad, en las guerras, en los naufragios. El azar puede dejarte a ti sin patria o a la patria sin ti, puede trasladarte al desierto, puede también convertir en desierto el mismo lugar en que se agolpa la multitud. Pongamos delante de los ojos todas las posibilidades del destino humano y, si no queremos abatirnos y quedarnos atónitos ante aquellas circunstancias como si fuesen nuevas, anticipemos en nuestra mente no cuanto ocurre frecuentemente sino cuanto puede ocurrir en muchas ocasiones; hay que considerar todos los recursos que la fortuna atesora.

(9) ¡Cuántas ciudades de Asia y cuántas de Acaya desaparecieron por un terremoto! ¡Cuántas villas de Siria y cuántas en Macedonia fueron engullidas! ¡Cuántas veces este mismo desastre ha devastado Chipre! ¡Cuántas veces Pafos se ha derrumbado sobre sí misma! ¡Con frecuencia se nos ha anunciado la destrucción de ciudades enteras, y nosotros, en medio de lo que frecuentemente se anuncia, qué parte tan insignificante somos! Así pues, alcémonos contra las calamidades de la fortuna y aprendamos que lo que ha ocurrido no es tan grande como la fama propala.

(10) Ha ardido una ciudad rica, joya de las provincias entre las que se situaba en lugar privilegiado; estaba colocada, sin embargo, sobre una sola colina, y no muy amplia. De todas estas ciudades, de cuyo esplendor y magnificencia oyes hablar, el tiempo borrará incluso

los vestigios. ¿No ves cómo ahora los cimientos de las
más ilustres ciudades de Acaya han desaparecido y no
queda resto alguno que al menos pruebe su existencia?
(11) No solo se vienen abajo las construcciones realizadas por el hombre, ni solo desaparece en un día lo erigido por la actividad y el arte de nuestras manos: las
cimas de las montañas se desmoronan, regiones enteras se hunden, las que estaban lejos de la amenaza del
mar han sido cubiertas por las olas, la gran fuerza del
magma ha erosionado las cumbres a través de las que
relucía, y a veces ha reducido a promontorios a las más
altas cúspides, consuelo y faro para los navegantes.

Incluso las obras de la propia naturaleza son mal-
tratadas y por eso debemos soportar con ánimo sereno
la destrucción de las ciudades. (12) Se mantienen en pie
las que un día caerán; a todas les aguarda este final: sea
que la fuerza interna de los vientos y sus soplidos, desen-
cadenados de su encierro, hayan golpeado la masa por
la que son retenidos; sea que una crecida más fuerte de las
aguas subterráneas haya roto los obstáculos; sea que
la violencia de las llamas haya destruido la estructura
del suelo; sea que la vetustez, de la que nada está a salvo, provoque una destrucción paulatina; sea que el rigor
del clima haya causado la emigración de los habitantes
y el paraje, ya desierto, haya sido abandonado. Es largo
enumerar las vías del destino. Esto es lo que sé: todas las
obras de los mortales están condenadas a la mortalidad;
vivimos en medio de lo que va a perecer.

(13) Hago llegar a nuestro amigo Liberal estos y
otros consuelos semejantes, pues arde en un increíble

amor por su patria natal, que tal vez haya sido aniquilada para resurgir más gloriosa. A menudo la injusticia ha generado un lugar más afortunado; muchas cosas han caído para resurgir con más grandeza. Timágenes, enemigo de la prosperidad de la urbe, decía que los incendios de Roma a él le provocaban un único dolor, saber que las edificaciones que habían ardido resurgirían con más esplendor.[3] (14) Es probable que también en Lyon todos compitan para reconstruir edificios más grandes y espléndidos que los que han perdido. ¡Ojalá sean más longevos y tengan los mejores auspicios para durar mucho más tiempo! Pues solo han transcurrido cien años desde la fundación de esta colonia, una edad ni siquiera exagerada para un hombre. Fundada por Planco, llegó a tener la magnificencia actual gracias a las ventajas que su localización ofrecía.[4] ¡Sin embargo, ¡cuántas desventuras ha soportado en el espacio de tiempo que dura la vejez de un ser humano!

---

3 Timágenes de Alejandría, un historiador griego, al que conocemos sobre todo por su amistosa relación con Augusto y por sus ocurrencias, generalmente contra Roma y su poder. Séneca se refiere a él en el tratado *Sobre la cólera* (III 23).

4 La colonia fue fundada por Lucio Munacio Planco en el año 43 a. C., aprovechando su excelente situación en la desembocadura del Ródano y cerca del río Saona. Lyon era una ciudad muy próspera, considerada la capital de las Galias. Testimonio de su importancia es el generoso donativo que entregó a Nerón para la reconstrucción de Roma después del incendio del año 64: cuatro millones de sestercios, según Tácito, que el emperador compensó con idéntica cantidad para la reconstrucción de la colonia gala (*Anales* XVI, 13).

(15) Así pues, hemos de conformar nuestra mente
para que entienda y asuma su propio destino y para que
sepamos que no hay nada a lo que la fortuna no se haya
atrevido: ella tiene los mismos derechos contra los imperios que contra sus emperadores, tiene el mismo poder
contra las ciudades que contra sus pobladores. Nada de
esto debe procurar nuestra indignación: hemos entrado en un mundo en el que se vive con estas leyes. Si te
conviene, acéptalo. Si no te conviene, sal de la vida por
donde quieras. Indígnate si se ha tomado contra ti en
particular alguna medida injusta, pero si se trata de esta
necesidad del destino que une a los de arriba con los de
abajo, reconcíliate con el hado, gracias al cual todas las
cosas se resuelven.

(16) No hay razón para que nos compares con los
túmulos y esos monumentos funerarios, que, desiguales
en tamaño, cubren el camino: la ceniza nos iguala a todos. Nacemos desiguales, pero morimos iguales. Digo lo
mismo de las ciudades que de los habitantes de las ciudades: tan capturada fue Ardea como Roma.[5] El Soberano
fundador de los derechos del hombre permitió distincio-
nes por el nacimiento y por la celebridad del nombre solo
mientras vivimos, pero cuando hemos alcanzado el fin de
nuestra vida mortal, dice: «Aléjate, ambición. Haya una
ley semejante para todos los que pisan la tierra».

---

5   Ardea, una ciudad etrusca, situada a 28 km al sur de Roma,
capital de los latinos, en el siglo VI a. C. Roma fue tomada por los galos
senones el año 390 a. C. En el mismo siglo, Ardea fue conquistada por
los samnitas.

Somos iguales para enfrentarnos a lo que hemos de padecer; ninguno es más débil que otro; ninguno sabe con más certeza qué le deparará el día de mañana. (17) Alejandro, rey de los macedonios, había comenzado a aprender geometría: infeliz, se disponía a saber cuán pequeña era la tierra, de la que él había conquistado una mínima parte. Así le llamo, «infeliz», porque debía comprender que era falso el sobrenombre con que era llamado: ¿quién, ciertamente, puede ser grande en un lugar tan pequeño?[6] Las enseñanzas que se le trasmitían tenían cierta sutileza y había que aprenderlas con diligente atención, algo que no podía captar un hombre enloquecido, que ocupaba su cabeza con delirios transoceánicos. «Enséñame cosas fáciles», dijo a su maestro. Este le respondió: «Estas enseñanzas son las mismas para todos; igual de difíciles». (18) Piensa que la naturaleza de las cosas te dijese a ti esto: «Estas cosas de las que te quejas son las mismas para todos; a nadie puedo darle otras más fáciles, pero quien quiera puede hacérselas más fáciles para sí mismo». ¿Cómo? Con ecuanimidad.[7]

------

6   Se burla Séneca del sobrenombre, Magno, de Alejandro. Son frecuentes las anécdotas que enfrentan a Alejandro con distintos filósofos de su época, Diógenes, Jenócrates, etc. Alejandro representa para las escuelas éticas postsocráticas el ejemplo de estadista, vanidoso, ambicioso, soberbio e ignorante, que, a pesar de su enorme poder o quizá por tenerlo, confunde los valores fundamentales de la existencia humana.

7   La ecuanimidad. Una de las virtudes más elogiadas por la filosofía estoica, la capacidad de aproximarse a la realidad con la mayor racionalidad y sin tener en cuenta las opiniones y fantasías que confunden al hombre. El emperador Antonino Pío, probable seguidor de esta doctrina, quiso que este fuera su sencillo epitafio: *Aequanimitas*.

Es necesario que sientas dolor, tengas sed, pases hambre, que envejezcas (si alcanzas entre los hombres una existencia bastante prolongada), que enfermes, que sufras pérdidas y que perezcas. (19) No tienes por qué creer a estos que revolotean a tu alrededor: ninguna de estas cosas es un mal; nada es insoportable o penoso. Este miedo es producto de un acuerdo general. Temes a la muerte igual que a la opinión de los demás, pero ¿qué hay más necio que un hombre temeroso de las palabras? Con gracia suele decir nuestro Demetrio[8] que las voces de los ignorantes tienen para él el mismo aprecio que los ruidos que salen del vientre. «¿Qué me importa a mí», dice, «que estos resuenen por arriba o por abajo?». (20) ¡Qué gran locura es temer ser difamado por los infames! Igual que has aceptado la opinión de la gente sin tener motivos, ahora aceptas aquello que nunca temerías, si la opinión pública no lo hubiese ordenado. ¿Acaso un hombre bueno, salpicado por malvados rumores, podría recibir algún perjuicio?

(21) Que no nos ocurra esto a nosotros a propósito de la muerte, pues también ella goza de mala fama. Ninguno de esos que habla mal de ella la ha experimentado; digamos, entre tanto, que es una temeridad condenar lo que se desconoce. Por el contrario, tú sabes cuán útil es

---

8   Demetrio, más conocido como Demetrio el Cínico. Filósofo, coetáneo de Séneca, nacido en Corinto a principios de la era cristiana. En Roma impartía su doctrina en la cueva en la que vivía, donde Séneca acudía con frecuencia. En numerosos pasajes de su obra nuestro autor manifiesta su admiración por él.

para muchos, a cuántos libera de los sufrimientos, de la miseria, de los lamentos, de los tormentos, del tedio. No estamos en poder de nadie, mientras que la muerte está en nuestro poder.

Que sigas bien.

LIBRO XV

EPÍSTOLA 93
SÉNECA A SU QUERIDO LUCILIO. SALUD

La muerte del filósofo Metrónax en edad todavía joven sirve a Séneca para defender con numerosos argumentos que la duración de la vida no tiene gran importancia. No es relevante la cantidad de años que vivimos, sino la actividad que se haya realizado mientras estamos vivos. Es necesario aprovechar bien el tiempo para aproximarse a la sabiduría. Mejor morir joven habiendo cumplido con los deberes propios del hombre que demorarse en una existencia prolongada e intrascendente. Incluso si la muerte no significa la convivencia del alma con los dioses, el hombre encuentra la tranquilidad espiritual habiendo cumplido con sus obligaciones éticas.

En la carta en la que te quejas de la muerte del filósofo Metrónax,[1] diciendo que hubiera podido vivir más

---

1 Séneca menciona a este filósofo en la epístola 76 (1-4). Tenía una escuela en Nápoles y Séneca fue a escucharle en una de sus estancias en esta ciudad.

tiempo e incluso que hubiera debido vivir más tiempo, he echado de menos esa ecuanimidad tuya que te sobra con todas las personas y en todos los asuntos; solo en un caso te falta, en el mismo que a todos: he encontrado a muchos individuos ecuánimes cuando se trata de los hombres, pero a ninguno cuando se trata de los dioses. Diariamente hacemos reproches al hado: «¿Por qué razón nos ha sido arrebato aquel en medio del recorrido? ¿Por qué razón aquel otro no lo ha sido? ¿Por qué razón se prolonga una senectud penosa para él y para los que le rodean?». (2) Dime, te lo ruego, ¿qué te parece más justo: que tú obedezcas a la naturaleza o que la naturaleza te obedezca a ti? ¿Qué importa cuán rápido salgas de donde sin duda has de salir? No debemos preocuparnos de vivir durante mucho tiempo, sino de vivir lo suficiente, pues que vivas mucho tiempo es asunto del hado, pero vivir lo suficiente es asunto de tu espíritu.

La vida es larga si es plena y es plena cuando el espíritu ha conseguido recuperar el bien que le es propio y ha alcanzado la potestad sobre sí mismo.[2] (3) ¿Qué pueden agradar a aquel ochenta años cumplidos por inercia? Esta clase de octogenario no ha vivido, se ha demorado en la vida, y no ha muerto tarde, sino durante mucho tiempo. «Ha vivido ochenta años». Tendríamos que saber a partir de qué día empiezas a contar su muerte.

---

2   El bien supremo, propio del espíritu, es, según los estoicos, la virtud. Tener la potestad sobre él supone alcanzar la autarquía; esa independencia que solo se logra cuando se es sabio.

(4) «Pero aquel ha muerto en su esplendor».³ Sin embargo, cumplió con los deberes de un buen ciudadano, de un buen amigo, de un buen hijo, siempre estuvo en su lugar; aunque la duración haya sido imperfecta, su vida fue perfecta. «Ha vivido ochenta años». Mejor diríamos existió durante ochenta años, a no ser que emplees el término vivir como cuando decimos que los árboles viven. Te lo pido, Lucilio, hagamos que, como los materiales preciosos, nuestra vida no se extienda mucho, sino que pese mucho; midámosla por la actividad y no por la duración. ¿Quieres saber qué diferencia a este hombre vigoroso y despreciador de la fortuna, que ha cumplido con todas las obligaciones de la vida humana y ha alcanzado el sumo bien, de aquel para el que solo han pasado muchos años? Uno existe todavía después de la muerte, el otro pereció antes de morir.

(5) Alabemos, entonces, y pongamos en el número de los felices a ese que, fuese cual fuese el tiempo que le tocó vivir, estuvo bien situado: supo ver la luz verdadera, no fue uno entre muchos y no solo vivió, sino que mostró sus ganas de vivir. Alguna vez disfrutó del cielo sereno, otras veces, como es habitual, los rayos del astro rey brillaron entre las nubes. ¿Por qué preguntas cuánto tiempo ha vivido? Vive. Ha saltado a la posteridad y será digno de recuerdo.

---

3   Como en otras epístolas, Séneca escribe las objeciones de su interlocutor, a veces supuestas y otras reales. En este caso, es probable que sean las quejas de Lucilio ante la muerte de Metrónax, todavía joven.

(6) No, por ello, me negaría a sumar más años de vida; pero diré que, si ese espacio de tiempo se me arrebata, nada me ha faltado para una vida feliz; no me he preparado para ese último día que una ávida esperanza me ha prometido como el último, pues a todos los he contemplado como si fueran el último. ¿Por qué me preguntas cuándo he nacido o si todavía estoy entre los movilizables?[4] Tengo en qué ocuparme. (7) Igual que en un tamaño menor de cuerpo puede contenerse un hombre perfecto, en una medida menor de tiempo puede encontrarse una vida perfecta. La duración de la vida es cosa externa. Cuánto tiempo vaya a existir me es ajeno, cuánto tiempo seré yo realmente, mientras exista, eso es en lo que debo ocuparme. Exige esto de mí: que no lleve una vida gris, como entre tinieblas, que gobierne mi vida y no que pase de largo por ella.

(8) ¿Preguntas qué es vivir un espacio de tiempo muy largo? Vivir hasta lograr la sabiduría; quien llega hasta ella no alcanza el fin más alejado, sino el más grande. Que este tenga, en verdad, motivos para vanagloriarse y dé gracias a los dioses y a sí mismo por encontrarse entre ellos y haga deudora a la naturaleza de lo que él ha sido. Con razón será deudora, pues él le ha devuelto una vida mejor que la que había recibido. Él nos ha presentado un ejemplo de hombre de bien;

---

4 *Inter iuniores*; en Roma se era *iunior* y, por tanto, movilizable para ir al ejército, hasta los 46 años. A partir de esa edad, se era *senior*, y se cumplían misiones diferentes en la defensa de la ciudad si la ocasión lo requería.

ha mostrado sus cualidades y su grandeza; si se le hubiese otorgado algo más de vida, se habría mostrado como fue en el pasado.

(9) ¿Hasta cuándo pretendemos vivir? Hemos disfrutado por llegar a conocer todas las cosas: sabemos con qué principios la naturaleza se despliega, cómo ordena el mundo, con qué sucesión de estaciones renueva el año, cómo ha puesto límites a cuanto puede existir en cualquier parte y se ha constituido en término de sí misma; sabemos que los astros se mueven por su propio impulso, que excepto la tierra nada está inmóvil, que todo lo demás recorre su trayecto a una velocidad continua; sabemos cómo la luna adelanta al sol, por qué razón ella, que es más lenta, deja atrás al que es más veloz, de qué modo recibe o pierde la luz, qué causa trae la noche y qué causa vuelve a traer el día.[5] Hay que llegar hasta ese lugar desde el que puedas contemplar estas cosas más de cerca.

(10) «No parto con más energía», dice aquel sabio, «por esta esperanza: considerar que el trayecto hacia mis dioses se abre para mí. Sin duda, he merecido ser admitido y ya he estado entre ellos y allí he enviado mi espíritu y ellos me han enviado a mí el suyo. Pero imagínate que soy eliminado completamente y que después de la muerte nada me queda de hombre: igualmente

---

5 Muestra Séneca en estas líneas su afición al estudio de los fenómenos naturales, puesta de manifiesto en sus *Naturales quaestiones*, «Cuestiones sobre la naturaleza», uno de los pocos escritos sobre ciencia que nos han legado los antiguos romanos.

mantengo mi mayor ánimo e, incluso si no voy a llegar a ningún lado, salgo».

(11) «No ha vivido tantos años como podría haber vivido».[6] Hay un libro de pocos versos que sin duda merece los elogios y es útil; conoces los *Anales* de Tanusio, cuán pesados son y cómo se les llama. La vida de algunos es eso mismo que se dice de los *Anales* de Tanusio.[7] (12) ¿Acaso consideras que es más feliz el que muere en los juegos al final del día que quien fallece a mitad de la jornada? ¿Acaso crees que hay alguien tan estúpido y ansioso de vida que prefiera ser degollado en el *spoliario*[8]

---

6 Aunque la edición oxoniense, que seguimos en nuestra traducción, no lo indica, parece claro que el interlocutor insiste en su objeción: Metrónax y los que mueren jóvenes no han vivido todo el tiempo que podrían haber vivido.

7 Algunos comentaristas dicen que Séneca se refiere a Tanusio Gémino, un historiador de los últimos tiempos de la República, mencionado por Suetonio en la *Vida de César* (9). Otros editores opinan que Séneca se refiere a los *Anales* de Volusio, menospreciados por el poeta Catulo en sus *carmina* 36 y 95. Séneca habría confundido el nombre al citar de memoria: Tanusio en lugar de Volusio. Para mí no hay duda de que esta segunda interpretación es la correcta. Así lo indican la alusión al libro de pocos versos, *paucorum versuum liber* (el propio *liber* de Catulo o la *Zmyrna* de Cinna, que Catulo compara con los *Anales* de Volusio) y, sobre todo, la referencia *ex silentio* del filósofo a cómo llama Catulo a estos *Anales*: «conoces [...] cómo se los llama». El poeta dice que son *cacata charta*, «cagada de escrito» o «escrito de mierda». Así entendemos mejor qué quiere decir nuestro autor cuando escribe que «La vida de algunos es eso mismo que se dice de los *Anales* de Tanusio».

8 *Spoliarium*. El lugar del anfiteatro romano en el que al final de la jornada se desnudaba y, eventualmente, se remataba, a los gladiadores caídos.

antes que en la arena? No con mayor espacio nos adelantamos uno a otro.[9] La muerte va por todos lados. El que mata sigue el camino de ese al que ha matado. Es intrascendente eso que provoca tantísima preocupación. ¿Qué importancia puede tener cuánto tiempo evites lo que no puedes evitar?

Que sigas bien.

---

9   En tono, ciertamente hiperbólico, compara en términos relativos la diferencia entre el que muere en el anfiteatro a media jornada o al final, con quien muere a una edad mediana o a una edad longeva.

LIBRO XVI

EPÍSTOLA 98

SÉNECA A SU QUERIDO LUCILIO. SALUD

Escribe Séneca contra la fortuna y los bienes aparentes que esta proporciona. Son los bienes externos que persigue la mayoría (riquezas, honores, cargos, belleza, etc.) y que no conducen al feliz sosiego. Frente a ellos, el hombre prudente debe oponer un espíritu fuerte que le ayude a esquivar los temores y a conformarse con todo cuanto acaece, porque lo que ocurre, ocurre para bien si la divinidad así lo ha decidido. Recuerda con ejemplos egregios de la historia de Roma la capacidad que tuvieron algunos hombres admirables para enfrentarse a los infortunios más terribles y para despreciar los bienes mundanos. En las últimas líneas elogia la actitud de un anciano, conocido también por Lucilio, agotado ya por sus muchos años, pero capaz de enfrentarse con excelente disposición a la muerte y a la enfermedad.

Nunca consideres feliz a quien depende de la suerte. Se apoya en bases frágiles quien se contenta con lo que

viene del exterior: la alegría que ha entrado se irá rápidamente. Sin embargo, lo que surge del interior es leal
y firme, y crece y nos acompaña hasta el final. Las demás cosas, las que suscitan la admiración del vulgo,
son buenas por un día. «Entonces, ¿qué?, ¿no podemos aprovecharlas ni disfrutarlas?».[1] ¿Quién dice que
no? Pero solo si ellas dependen de nosotros y no nosotros de ellas.

(2) Todo lo que incumbe a la fortuna es fructífe-
ro y gozoso si quien lo tiene se tiene a sí mismo y no
está en poder de sus propiedades. Se equivocan, Lucilio, quienes juzgan que la fortuna nos otorga algo
bueno o malo; proporciona materia para los bienes y
los males y el comienzo de lo que en nosotros se con-
vertirá en algo bueno o malo. El espíritu es más fuerte que cualquier fortuna, es él quien dirige sus asuntos a una u otra parte, y es la causa de que para él la
vida sea feliz o desgraciada. (3) El malvado lleva todo
hacia el mal, incluso lo que se presenta con apariencia
de bueno; quien es recto e íntegro corrige los desvaríos de la fortuna y suaviza sus contrariedades y aspe-
rezas sabiendo sobrellevarlas, y acepta por igual las situaciones favorables, con gratitud y moderación, y las
adversas, con firmeza y valentía. Aunque sea prudente, aunque haga todo con juicio perfectamente calcula-
do, aunque no intente nada por encima de sus propias

---

[1] Como hemos visto en otras epístolas, un interlocutor ficticio
contradice los asertos de Séneca.

fuerzas, no conseguirá para sí aquel bien íntegro y situado fuera de toda amenaza si no se muestra seguro frente a todo lo incierto.

(4) Tanto si quieres observar a los otros —ciertamente, es más ecuánime el juicio cuando se trata de cosas ajenas—, como si quieres observarte a ti mismo con imparcialidad, te darás cuenta y reconocerás que, de las cosas que más deseamos y queremos, nada es útil, si no te has equipado contra la veleidad del azar y de todo lo que sigue al azar, si en medio de cada infortunio no te dices frecuentemente a ti mismo sin quejarte: «A los dioses les pareció de otro modo».[2]

(5) Es más, te propondré, por Hércules, una expresión más fuerte y apropiada con la que afiances más tu espíritu; dite esto cada vez que ocurra algo de forma distinta a como pensabas: «A los dioses les pareció mejor». Nada alcanza a quien tiene esta disposición. Y tendrá tal disposición si, antes de sentirla, es capaz de calibrar la inconstancia de las cosas humanas; si tiene hijos, cónyuge y patrimonio, como si no siempre pudiera disfrutar de ellos, y como si no fuera a ser más desgraciado porque algún día tuviera que abandonarlos.

(6) Miserable es el espíritu ansioso de futuro e infortunado antes de los infortunios el que se angustia porque

---

2   Verso de la *Eneida* de Virgilio (II 428). Eneas lamenta con esta expresión la muerte injusta del troyano Rifeo en la toma de Troya por los aqueos; Séneca le da, sin embargo, un sentido distinto: el sabio ha de aceptar las desgracias sin lamentarse, porque las decisiones de la divinidad son siempre correctas.

las cosas con las que se deleita no permanezcan hasta el último momento; no descansa ni un instante, y con la expectativa de lo que va a venir pierde las cosas buenas del presente con las que hubiera podido disfrutar. Sitúa en el mismo plano el dolor por lo que se ha perdido y el temor por lo que se va a perder.

(7) No por eso te aconsejo la despreocupación. Aléjate de las cosas que provocan temor; prevé todo aquello que puede ser previsto por la cautela; anticipa y evita mucho antes de que ocurra todo lo que tiene capacidad de hacer daño. En esto te será de mucha utilidad la confianza en ti mismo y una firme disposición para tolerarlo todo. Puede precaverse de la fortuna quien es capaz de soportarla; ciertamente, no hay agitación en un mar tranquilo.

Nada hay más infeliz y estúpido que tener miedo por adelantado. ¿Qué locura es esta de anticiparse a la propia desgracia? (8) En fin, para resumir mi parecer te describiré a estos hombres angustiados, molestos para sí mismos; son tan destemplados en medio de sus desgracias como antes de que se produzcan. Se duele más de lo que es necesario quien se duele antes de que sea necesario, pues, por efecto de la misma debilidad que le impide esperar el dolor, no es capaz de calibrarlo bien; por la misma falta de cálculo se imagina que para él la felicidad es perpetua, se imagina que todo aquello que ha conseguido debe crecer, no solo durar, y, olvidándose de este columpio en el que se balancean los humanos azares, se promete, únicamente para sí, la invariabilidad de lo fortuito.

(9) Así pues, muy acertadamente me parece a mí haber hablado Metrodoro[3] en aquella carta que dirigió a su hermana, tras haber perdido a un hijo de excelente índole: «Todo bien de los mortales es mortal». Habla de esos bienes a los que recurre todo el mundo, pues el bien verdadero no muere, es seguro y sempiterno: sabiduría y virtud; es el único bien inmortal al que pueden aspirar los mortales. (10) Por lo demás, son tan desmesurados, tan olvidadizos de hacia dónde se dirigen, hacia dónde les empuja cada día que transcurre, que se admiran cuando pierden cualquier cosa, ellos, que van a perderlo todo en un solo día. Todo eso que tienes anotado como de tu propiedad está junto a ti, pero no es tuyo; nada es estable para el inestable, nada eterno e imperecedero para el frágil. Tan necesario es morir como perder lo que poseemos y esto mismo, si lo entendemos bien, es un consuelo: si has de perecer, pierde sin grandes lamentos.

(11) ¿Qué remedios podemos encontrar contra estas pérdidas? Este: que mantengamos en la memoria las cosas perdidas y no toleremos que junto con ellas se pierda el fruto que recibimos gracias a ellas. Se te arrebata lo que tienes, nunca lo que has tenido. Es muy ingrato quien piensa que nada debe por lo recibido una vez que lo ha perdido. El azar nos arrebata el objeto, pero su uso

---

3   Metrodoro de Lámpsaco (331-277 a. C.), uno de los discípulos más destacados de Epicuro, a quien Séneca cita en sus epístolas en más de una ocasión.

y disfrute no nos abandona; lo perdemos nosotros con nuestra injusta añoranza.

(12) Dite a ti mismo: «De estas cosas que parecen terribles, no hay nada invencible». Muchos ya las vencieron una por una: Mucio al fuego, Régulo a la cruz, Sócrates al veneno, Rutilio al destierro, Catón a la muerte provocada por la espada;[4] venzamos también nosotros alguna cosa. (13) Inversamente, todo eso de bella apariencia y afortunado que atrae al pueblo fue despreciado a menudo por muchos: Fabricio rechazó las riquezas como comandante del ejército y como censor, las consideró dignas de infamia;[5] Tuberón consideró la pobreza

---

4 Ejemplos heroicos de virtud; algunos ya comentados por Séneca en cartas anteriores: Mucio Escévola se adelantó a una posible tortura colocando su mano sobre un brasero encendido (*vid. Epístola* 24, nota 4). Marco Atilio Régulo, héroe de la primera guerra púnica; cautivo de los cartagineses, prefirió morir crucificado antes que traicionar sus principios permitiendo ser canjeado por rehenes púnicos en poder de Roma. Sócrates prefirió tomar la cicuta, aunque tuvo la posibilidad de evadirse; quería demostrar a los hombres que no hay razón para temer a la muerte (*vid. Epístolas* 24, nota 3 y 70, nota 5). Rutilio, condenado injustamente al destierro, se negó a regresar a Roma, a pesar de los requerimientos de Sila (*vid. Epístola* 24, nota 1). Catón no vaciló en quitarse la vida con su espada cuando vio que la victoria de Julio César en la guerra civil era inevitable (*vid. Epístolas* 24, notas 5, 6 y 7 y 70, nota 7).

5 Fabricio Luscino, héroe romano, símbolo de la llamada pobreza heroica de los primeros magistrados de la República romana. Fue nombrado cónsul en el año 282 a. C. y dirigió la guerra contra Pirro del Épiro, quien intentó sobornarlo sin éxito con una gran cantidad de oro. Más tarde ejerció el cargo de censor e impuso la nota censoria a algunos senadores corruptos; esta nota era el procedimiento que usaba el censor para expulsar del senado a los senadores indignos.

digna de él y del Capitolio cuando, usando vasijas de barro en una cena pública,[6] mostró que el hombre debía contentarse con esos objetos que todavía eran usados por los dioses. Sextio padre,[7] quien por su nacimiento debía asumir deberes de Estado, rechazó los cargos, y no aceptó la púrpura que el divino Julio le ofrecía;[8] pensaba, en efecto, que lo que podía dársele también podía serle arrebatado. Hagamos nosotros también algo con espíritu animoso; situémonos entre los ejemplos de virtud.

(14) ¿Por qué fallamos? ¿Por qué desesperamos? Cuanto puede hacerse es posible hacerlo; nosotros solo purguemos nuestro espíritu y sigamos a la naturaleza, separados de la cual es obligado tener deseos y temores y ser esclavo de los designios de la fortuna. Es posible volver al camino, es posible recuperar nuestra integridad. Recuperémosla para que podamos soportar los dolores

---

6   Elio Tuberón, sobrino de Escipión Emiliano, recordado por Séneca en otros pasajes de su obra como ejemplo de sobriedad y rechazo del lujo. Perteneció al llamado «Círculo de Escipión», que patrocinaba Escipión Emiliano y lideraba intelectualmente el estoico Panecio de Rodas. Tuberón dispuso un banquete en honor de su tío con singular austeridad, incluidos vasos de barro.

7   Quinto Sextio Nigro, fundador de la llamada escuela de los Sextios, allá por el año 50 a. C., rechazó los cargos políticos que Julio César le ofrecía, porque prefirió consagrarse a la filosofía. Por lo que nos es posible saber, sus principios filosóficos eran básicamente estoicos, pero con elementos pitagóricos y cínicos. A la muerte del padre, su hijo dio continuidad a la escuela.

8   El texto dice: *latum clavum divo Iulio dante*; el «laticlave» era una insignia honorífica, una franja ancha de color púrpura, cosida a la toga, que indicaba la condición de senador de quien la llevaba.

por donde quiera que hayan invadido nuestro cuerpo, y para decirle a la fortuna: «Te enfrentas con un hombre, busca a quien puedas vencer».

(15) [...]⁹ Con estas conversaciones y con otras semejantes suaviza el dolor de la úlcera, que, por Hércules, deseo sea mitigada o curada o que no progrese y envejezca junto con él mismo. Pero estoy tranquilo por él; la pérdida es nuestra, de esos a quienes se nos arrebata un anciano tan extraordinario, pues él está colmado de vida y no desea que en nada se alargue por su causa, sino por la de esos a quienes es útil. (16) Vive porque es un acto de generosidad. Otro hubiera terminado ya con estos sufrimientos, él considera tan vergonzoso huir de la muerte como refugiarse en ella.

«Entonces, ¿qué?, ¿no saldrá de la vida si la situación lo aconseja?». ¿Por qué no iba a salir, si a nadie pudiera ser ya útil, si ya solo pudiera esforzarse contra el dolor? (17) En esto consiste, Lucilio, aprender filosofía sobre el terreno y adiestrarse para la verdad, en apreciar qué espíritu presenta un hombre sabio contra la muerte y contra el dolor, cuando aquella se aproxima y este le oprime; debemos aprender lo que hay que hacer de quien lo hace. (18) Hasta ahora se ha debatido con argumentos si era posible a alguien resistirse al dolor o si la muerte próxima somete a los espíritus más valerosos.

---

9   A partir de aquí la carta cambia de tema. Se ha supuesto una posible laguna en el texto. Incluso que la última parte pertenezca a otra carta. Séneca se refiere a un anciano de vida ejemplar que no nos es posible identificar.

¿Qué necesidad hay de palabras? Vayamos al caso que nos ocupa: ni la muerte hace a aquel más fuerte contra el dolor ni el dolor contra la muerte. Contra uno y otra confía en sí mismo, y ni sufre el dolor con paciencia por la esperanza de la muerte, ni muere con mayor agrado por el hastío de dolor.

Que sigas bien.

EPÍSTOLA 99

SÉNECA A SU QUERIDO LUCILIO. SALUD

Marulo, un estoico amigo de Séneca y Lucilio, del que nada más sabemos, ha perdido a su hijo de corta edad. Séneca le escribe recordándole los principios del estoicismo ante una situación como esa. Es natural y esperable sentir tristeza y dolor, y no es necesario contener las lágrimas que brotarán espontáneamente, pero, pasado ese primer momento, es menester esforzarse por alejar la tristeza con ayuda de la razón. Marulo no debe prolongar su desconsuelo. El hombre sabio ha de alejarse de la teatralidad del vulgo y recordar que la vida no es un bien ni la muerte un mal. En la segunda parte de la carta Séneca discute las palabras del epicúreo Metrodoro acerca de la existencia de un cierto placer anejo a la tristeza.

Te envío la carta que escribí a Marulo cuando perdió a un hijo muy pequeño y se decía que lo sobrellevaba con poca entereza; en ella no he seguido los modos habituales ni he considerado que Marulo debía ser tratado con delicadeza, siendo más digno de reproche que de consuelo.

Ciertamente, hay que condescender por un tiempo con el afligido y con quien lleva mal un gran dolor; que se desahogue y deje salir la amargura del primer golpe. (2) Sin embargo, se debe reprender a estos que se han acostumbrado a llorar sin contención, que aprendan que hay también necedad en algunas lágrimas.

«¿Esperas consuelo? Recibe reproches. ¿Con tan poca entereza soportas la muerte de tu hijo? ¿Qué harías si hubieses perdido a un amigo? Ha fallecido un hijo que tenía inciertas esperanzas, muy pequeño; ha muerto escaso tiempo de vida.[1] (3) Buscamos las causas del dolor y pretendemos quejarnos, aun injustamente, de la fortuna, como si ella no fuera a proporcionarnos justas causas de lamento. Pero ¡por Hércules!, yo creía que ya tenías suficientemente preparado el ánimo contra desgracias más consistentes, cuanto más contra estas sombras de desgracia, por las cuales los hombres lloran por mera costumbre.

»Si hubieses perdido a un amigo —que es el peor de todos los males—, tendrías que esforzarte más en

---

1 La mentalidad de los romanos —no solo de los estoicos— era, como podemos apreciar por las palabras de Séneca, bastante distinta a la nuestra. Para ellos la pérdida de un amigo tenía mayor consideración y podía ser más dolorosa que la pérdida de un hijo. Además, normalmente, la muerte de los hijos de corta edad era menos sentida que la de los hijos maduros (*Vid.* Cicerón, *De amicitia*, 9: «Aún sin hablar de otras cosas, ¡con qué serenidad llevó Catón la muerte de su hijo! Tenía yo noticia del valor de Paulo, había sido testigo del de Galo; pero en el caso de estos se trataba de niños; en el de Catón, de un hombre hecho y ya probado»).

alegrarte por haberlo tenido que en entristecerte por haberlo perdido. (4) Pero la mayoría no tiene en cuenta todo lo que ha recibido, todo lo que ha disfrutado. Este dolor tiene entre otros defectos que no solo es inútil, sino también ingrato. Entonces, ¿por haber tenido un amigo de tal condición, has perdido el tiempo? ¿Tantos años, tanta vida en común, tanta íntima comunión en los afanes no ha servido de nada? ¿Entierras la amistad junto con el amigo? ¿Y por qué te lamentas de haber perdido algo si no te sirvió de nada haberlo tenido? Créeme, aunque el azar nos los haya arrebatado, una gran parte de estos a los que hemos amado permanece con nosotros; el tiempo que ha pasado es nuestro y nada está en sitio más seguro que lo que ha sido.

»(5) La esperanza de futuro nos vuelve ingratos respecto a lo que hemos recibido, como si lo que ha de ser, si nos ocurriera ahora, no pasara rápidamente al pasado. Limita muy estrechamente el provecho de las cosas quien solo está contento con el presente; también deleitan el futuro y el pasado: aquel por la expectativa, este por el recuerdo, pero uno está pendiente y no puede ser realizado y el otro no es posible que no haya ocurrido. Entonces, ¿qué locura es esta de apartarse de lo más seguro? Busquemos apoyo en lo que hemos degustado, a no ser que lo hayamos degustado con el espíritu agujereado que deja escapar lo que ha recibido.

»(6) Son innumerables los ejemplos de esos que dieron sepultura a sus hijos jóvenes sin derramar una lágrima, los que regresaron directamente de la pira funeraria al senado o a otra actividad pública y al instante se entregaron a otra tarea. Y no sin razón; pues, en primer lugar, es absurdo dolerse si nada consigues con el dolor; después, es injusto quejarse de algo que acontece a uno en particular, pero que nos espera a todos; además, resulta estúpido el lamento por la añoranza, cuando es tan corto el intervalo que separa al perdido del añorante. Así pues, debemos mantener un ánimo equilibrado justamente por eso, porque vamos detrás de aquellos a los que perdemos. (7) Mira la celeridad rapidísima del tiempo, piensa en la brevedad de ese espacio por el que pasamos velocísimos, observa este cortejo del género humano que marcha hacia el mismo lugar, separado por un intervalo que es mínimo incluso cuando nos parece grande; ese que piensas has perdido, solo se ha adelantado. ¿Qué puede haber, entonces, más demencial que, cuando se ha de recorrer el mismo trayecto, llorar al que se nos ha anticipado?

»(8) ¿Alguien llora el acontecimiento que sabía iba a producirse? O, si no pensó que la muerte es propia del hombre, se engañó a sí mismo. ¿Llora alguien el hecho que decía era imposible que no sucediera? Todo el que se lamenta de que alguien haya muerto, se lamenta de que era un ser humano. A todos nos encadena la misma condición: a quien le ha tocado nacer, solo le queda morir. En los intervalos somos distintos, pero el final nos iguala a todos. (9) Ese tiempo que transcurre entre el primer y el último día es diverso e inseguro; si te fijas en las penalidades, resulta largo incluso para un niño, pero si reparas en la celeridad, es corto hasta para un anciano. Nada hay que no sea resbaladizo y engañoso y más accidentado que cualquier tempestad; todo va

de un lado a otro y se vuelve del revés por orden de la
fortuna, y en tanto revuelo del acontecer humano nada
hay para nadie seguro a no ser la muerte; sin embargo,
todo el mundo se queja de eso en lo que únicamente a
nadie se engaña.

»(10) «Pero ha muerto siendo niño». No voy a decir todavía que recibe mejor trato quien cumple pronto
con la vida; hablemos de ese que llegó a envejecer: ¡en
qué poco supera al niño! Imagina la enormidad del tiempo inabarcable y considéralo en su conjunto; después,
compara esta inmensidad con eso que llamamos vida
humana, verás cuán insignificante es lo que deseamos,
eso que intentamos alargar. (11) ¿Cuánto de ello ocu-
pan las lágrimas?, ¿cuánto, las preocupaciones? ¿Cuánto la muerte deseada antes de su llegada, cuánto la enfermedad, cuánto el miedo? ¿Cuánto retienen los años
de la ignorancia y los que se desperdician? La mitad del
tiempo estamos dormidos. Añade los trabajos, la aflic-
ción, los peligros, y comprenderás que incluso en una
vida muy larga es muy poco lo que se vive.

»(12) Pero, ¿quién te dice a ti que no esté mejor ese
a quien se le ha permitido regresar antes, quien ha completado el trayecto antes de agotarse? La vida no es un
bien ni un mal; es la ocasión para el bien o para el mal.
Así que aquel no ha perdido nada, a no ser el riesgo de
caer en un perjuicio más cierto. Pudo llegar a ser mode-
rado y prudente, pudo con tu vigilancia formarse con las
mejores cualidades, pero —lo que más razonablemen-
te es de temer— pudo hacerse semejante a la mayoría.
(13) Mira a aquellos jóvenes, de familias nobilísimas, a

los que el desenfreno arrojó a la arena;[2] mira a aquellos otros que satisfacen con recíproco impudor su deseo sexual y el ajeno, de los cuales no hay ninguno que no pase el día en la embriaguez o en algún señalado desvarío; es manifiesto que había más motivos de temor que de esperanza. Así pues, no debes concitar motivos de dolor ni aumentar con tu enojo disgustos ligeros. (14) No te estoy exhortando a que te esfuerces y te levantes; no juzgo tan mal de ti como para pensar que hay que convocar toda tu virtud ante esta situación.[3] No es propiamente dolor, sino una punzada; tú lo conviertes en dolor. La filosofía te será sin duda de gran provecho si añoras a tu hijo —más conocido de la nodriza que de su padre— con ánimo sereno.

»(15) ¿Y qué? ¿Te aconsejo ahora dureza y aspiro a que tu rostro se mantenga sereno en el propio funeral y no voy a tolerar ni siquiera que tu ánimo se contraiga? En absoluto. Es falta de humanidad, no virtud, contemplar las exequias de los seres queridos con los mismos ojos que los veíamos antes y no conmoverse en los primeros instantes de la separación. Imagina que yo te lo impidiera: algunas lágrimas siguen su propio albedrío, resbalan incluso en las mejillas de quienes intentan retenerlas y, una vez derramadas, consiguen levantar el ánimo.

---

2 A la arena del anfiteatro —se entiende— en busca de fama y dinero.

3 Marulo es un iniciado en los preceptos de la escuela estoica, un proficiente que conoce ya los argumentos de Séneca y podía sentirse ofendido por la reprimenda de nuestro autor.

»(16) Entonces, ¿qué hemos de hacer? Permitámoslas que caigan, no intervengamos; que fluya cuanto el afecto manifieste, no cuanto reclame la imitación. No añadamos nada a la tristeza ni aumentemos el duelo siguiendo el ejemplo de los demás. Es más exigente la ostentación de dolor que el dolor mismo. ¿Cuántos hay que estén tristes solo consigo mismos? Gimen más alto cuando se les oye y, silenciosos y tranquilos en lugar apartado, en cuanto ven a alguien, hacen salir nuevos lloros; entonces se llevan las manos a la cabeza (lo que habrían podido hacer libremente cuando nadie se lo impedía), entonces reclaman la muerte para sí mismos, entonces dan vueltas en la cama. Sin espectador, el dolor cesa.

»(17) Como en otras situaciones, también en esta incurrimos en el mismo error: el de seguir el ejemplo de la mayoría y tener en más consideración lo que suele hacerse que lo que es conveniente hacer. Nos apartamos de la naturaleza y nos entregamos a los devaneos del pueblo, que no imagina nada para buen fin y que en este asunto como en todos es extremadamente voluble. Ve a alguien fuerte en el duelo y le llama despiadado e inhumano; ve a alguien abatido y abrazado al cadáver y dice de él que es afeminado y débil.

»(18) Por eso, todas las cosas han de estar reguladas por la razón. Ciertamente, no hay nada más estúpido que adquirir buena fama por medio de la tristeza y dar aprobación a las lágrimas, que, en mi opinión, unas caen con la anuencia del hombre sabio y otras se derraman por su propio impulso. Te explicaré la diferencia. Cuando nos golpea la primera noticia de una muerte cruel, cuando tenemos delante un cuerpo que va a pasar de nuestro abrazo a la pira, una necesidad natural hace brotar las lágrimas y el ánimo, impulsado por el golpe de dolor, conmueve todo el cuerpo y también los ojos, de los que hace salir y expulsa el líquido que en ellos se contiene. (19) Estas lágrimas caen por la acción comprensiva, sin que nosotros lo queramos. Hay otras a las que damos salida cuando nos llega el recuerdo de esos que hemos perdido y surge una dulce tristeza cuando nos vienen sus alegres conversaciones, su divertida charla, su amor incondicional; entonces, los ojos se relajan como cuando estamos alegres. Con estas lágrimas condescendemos; pero somos vencidos por aquellas otras.

»(20) Así pues, no hay razón para que contengas o dejes salir las lágrimas teniendo en cuenta quien te rodea o quien está presente; ni cesan ni fluyen nunca tan vergonzosamente como cuando son fingidas; que vengan espontáneamente. Pueden, sin duda, acompañar a los caracteres tranquilos y templados; a menudo, fluyeron dejando intacto el prestigio del sabio, con tanta mesura que no alteraron ni su humanidad ni su dignidad. (21) Es lícito, insisto, seguir a la naturaleza conservando la serenidad. He visto en el funeral de sus allegados a hombres respetables en cuyos rostros resplandecía el amor, dejando a un lado toda la teatralidad de los que lloran; no había nada más que lo que se muestra cuando el afecto es sincero. También hay cierto decoro en el dolor y este debe respetarlo el sabio; como en las demás situaciones, también en las lágrimas hay una medida: el dolor de los imprudentes se desborda tanto como su alegría.

»(22) Acepta lo inevitable con ánimo sereno. ¿Ha ocurrido algo increíble, algo nuevo? ¡Para cuántos se alquilan en este momento los servicios fúnebres, para cuántos se compran las mortajas, cuántos después de ti lloran su dolor! Cada vez que pienses que era un niño, piensa también qué hubiera llegado a ser ese hombre, a quien nada seguro se promete, a quien la fortuna no conduce sin obstáculos hasta la vejez: donde le parece te abandona. (23) Por lo demás, habla frecuentemente de él y honra cuanto puedas su recuerdo que volverá a ti con más frecuencia si viene sin amargura: nadie conversa agradablemente con el que está triste, menos aún con la tristeza. Si escuchabas con placer sus charlas, sus bromas, aunque fueran infantiles, repítelas más a menudo. Confirma audazmente las expectativas que él habría podido cumplir, las que tú habías concebido en tu imaginación de padre. (24) No es propio del comportamiento humano olvidarse de sus seres queridos, enterrar su recuerdo junto con su cuerpo, llorar profusamente y recordar muy poco. Así aman las aves y las fieras salvajes a los suyos, con un afecto vehemente y casi rabioso, pero que desaparece por completo cuando los han perdido. Esto no es propio del hombre sabio, que ha de perseverar en el recuerdo y dejar a un lado las lágrimas.

»(25) De ningún modo apruebo aquello que dice Metrodoro, que existe cierto placer emparentado con la tristeza, y que este debe captarse en circunstancias como la que nos ocupa. Te escribo aquí la cita de Metrodoro: *De las epístolas de Metrodoro a su hermana*: «Hay un placer unido a la tristeza que es preciso captar en tales ocasiones».⁴ (26) No tengo duda de qué piensas acerca de estas palabras. ¿Es que, ciertamente, hay algo más vergonzoso que procurarse placer en el mismo dolor, peor aún, por medio del dolor, y buscar entre las lágrimas lo que complace? Estos⁵ son quienes nos echan en cara un rigor excesivo y desacreditan nuestros preceptos por su dureza, porque decimos que el dolor o no debe ser admitido en nuestro espíritu o deber ser expulsado lo más pronto que se pueda. ¿Qué es, en fin, más increíble e inhumano, no sentir dolor por el amigo perdido o andar al acecho del placer en medio del dolor?

»(27) Es honesto lo que nosotros aconsejamos: cuando el afecto ha provocado que broten algunas lágrimas y, por así decirlo, se ha tranquilizado, el dolor no debe mantenerse en el espíritu. ¿Cómo afirmas tú que el placer debe mezclarse con el mismo dolor? Así es como consolamos a los niños, con un pastel, así es como contenemos el llanto de los bebés, dándoles un poco de leche. ¿Ni siquiera en el preciso momento en que tu hijo arde en la pira o tu amigo está expirando soportas interrumpir el placer, sino que pretendes que este haga caricias a la tristeza? ¿Es más honesto apartar el dolor del espíritu o admitir el placer incluso junto al dolor? ¿He dicho «admitir»? «Captarlo», más bien, y del propio dolor. (28)

---

4 Estas palabras de Metrodoro están escritas en griego.

5 El desacuerdo con las palabras de Metrodoro permite a Séneca abrir un debate entre los principios del epicureísmo y los de la escuela estoica. Los epicúreos reprochaban a los estoicos la rigidez de algunos de sus preceptos, tan estrictos que a veces parecían inalcanzables.

«Hay cierto placer», dice Metrodoro, «emparentado con la tristeza». Esto nos está permitido decirlo a nosotros, a vosotros no os está permitido. Reconocéis un único bien, el placer, y un único mal, el dolor; ¿qué parentesco puede haber entre el bien y el mal? Pero piensa que si existe, ¿es este el mejor momento de desenterrarlo? ¿Vamos a analizar el propio dolor por si acaso hay algo de alegre y placentero alrededor de él? (29) Ciertos remedios, saludables para unas partes del cuerpo, no pueden ser administrados en otras, porque resultan inapropiados e indecorosos, y lo que resulta útil allí sin perjuicio del decoro, esto mismo resulta inapropiado según el emplazamiento de la herida. ¿No te avergüenza sanar el duelo por medio del placer? Esta llaga ha de ser curada con remedios más severos.

»Es mejor que te hagas esta advertencia: ninguna sensación de mal alcanza a ese que ha muerto, pues si le alcanza es que no ha muerto. (30) Nada, afirmo, puede hacer daño a ese que no es; está vivo si algo le hace daño. ¿Piensas acaso que está mal porque ya no existe o porque todavía existe algo de él? En absoluto; ningún sufrimiento puede haber para él por el hecho de no existir (¿qué sensación hay para quien ya no es?), ni por el hecho de existir, pues ha esquivado el máximo perjuicio de la muerte, que es no ser. (31) Al que llora y añora al hijo arrebatado en edad temprana, digámosle también esto: todos, en cuanto a la brevedad de la vida, si lo comparas con el devenir del universo, jóvenes y ancianos, estamos en el mismo lugar. Pues de la totalidad del tiempo a nosotros llega menos de lo que alguien llamaría lo mínimo, ya que lo mínimo es una parte y esto que vivimos está cerca de no ser nada; y, sin embargo —¡qué demencia la nuestra!—, lo afrontamos como si fuese mucho tiempo.

»(32) Te he escrito esto, no en la idea de que esperases un remedio tan tardío por mi parte (ciertamente, tengo claro que te has dicho a ti mismo lo que has leído), sino para censurarte por ese pequeño retraso por el que te has apartado del camino, y para aconsejarte que en el futuro muestres un ánimo fuerte contra la fortuna y contemples sus ataques, no como algo que puede venir, sino como lo que sin duda ha de venir».

Que sigas bien.

LIBRO XVII

EPÍSTOLA 101

SÉNECA A SU QUERIDO LUCILIO. SALUD

La muerte repentina de Cornelio Seneción, un hombre que prosperaba en sus negocios y ascendía con rapidez en la escala social, sirve a Séneca para advertir a Lucilio de lo que considera una equivocación muy repetida en la sociedad de los hombres: hacer proyectos para el futuro como si fuéramos a ser eternos sin tener en cuenta que la muerte puede presentarse en cualquier momento. Frente a ello, Séneca aconseja vivir cada día como si fuera el último y apartar lejos el ansia de vivir. Rechaza unos versos de Mecenas, en los que este manifiesta estar dispuesto a vivir a cualquier precio, incluso manco, cojo o sufriendo en la cruz. Para Séneca lo importante no es vivir mucho tiempo, sino vivir bien el tiempo que nos haya asignado el destino.

Cada día, cada hora, nos muestra que no somos nada y con alguna prueba reciente advierte a los olvidadizos de su fragilidad; entonces, obliga a mirar a la muerte a quienes meditaban proyectos eternos. ¿Te preguntas a qué viene este comienzo? Conocías a Cornelio Seneción, caballero romano, distinguido y servicial;[1] había prosperado partiendo de un origen humilde y su carrera se inclinaba suavemente hacia otros logros, pues el prestigio social crece más fácilmente una vez se ha iniciado. (2) El dinero también prospera con mucha lentitud cuando rodea a la pobreza, pero se pega a quien se libra de ella.

Ya Seneción se acercaba a la riqueza, a la que le conducían dos habilidades sumamente eficaces: saber buscarla y saber conservarla, de las que una sola de ellas habría podido convertirle en rico. (3) Este hombre, de gran frugalidad, no menos cuidadoso de su patrimonio que de su cuerpo, después de haberme visitado por la mañana según tenía acostumbrado, después de haber asistido durante todo el día e incluso por la noche a un amigo enfermo que yacía sin esperanza alguna, después de disfrutar alegre de la cena, ha sido víctima de una enfermedad repentina, la angina, y ha entregado al alba su último aliento, apenas contenido por el estrechamiento de la garganta.[2] De este

---

1 Nada sabemos de este Cornelio Seneción, que pertenecía al *ordo equester*, «estamento de los caballeros», es decir, que había alcanzado el segundo nivel en la escala social, detrás del estamento senatorial, *ordo senatorius*, «estamento de los senadores»; como muchos de los de su clase, *equites* o caballeros, había dedicado sus esfuerzos a hacer fortuna con negocios privados y públicos. Si, como se dice más abajo, visitaba a Séneca cada mañana, es posible que fuera cliente de nuestro filósofo; es decir, una persona que estaba entre aquellos que Séneca protegía como *patronus*.

2 *Vix compressum artatis faucibus spiritum traxit in lucem*. Imagina Séneca que en el ahogo propio de un infarto el alma se ve obstaculizada en su salida del cuerpo por el estrechamiento de la garganta. En otros pasajes de sus epístolas también parece preocupado por cómo sale el alma del cuerpo en el momento de la muerte. *Cf.* 57, 7-8.

modo, ha fallecido a las pocas horas de haber cumplido con todas las funciones de un hombre sano y vigoroso. (4) Ese que movía dinero por mar y tierra, que había accedido a los negocios públicos sin dejar de experimentar ningún tipo de ganancia, en el momento en que todas las cosas marchaban bien, cuando el dinero corría a raudales, nos ha sido arrebatado. «Siembra, ahora, Melibeo, las peras y pon en orden las vides».[3]

¡Cuán absurdo resulta disponer de la vida sin ni siquiera ser dueño del mañana! ¡Cuánta demencia hay en quienes proyectan grandes esperanzas! Compraré, edificaré, haré prestamos, me resarciré, ocuparé cargos, luego llevaré una senectud tranquila y plena en la ociosidad. (5) Créeme, incluso para los más afortunados todo es incierto; sobre el futuro nadie debe prometerse nada; incluso lo que se posee se escapa de las manos y la misma hora que apuramos el azar nos la arrebata.

El tiempo se desarrolla de acuerdo con una norma establecida, pero secreta para nosotros; ¿qué me importa a mí que la naturaleza conozca lo que para mí es

---

3   El verso es de Virgilio (*Églogas*, I 73). Lo pronuncia el pastor Melibeo con indudable amargura: víctima de las confiscaciones de los triunviros (Marco Antonio, Octavio y Lépido) ha perdido sus campos. ¿Qué sentido puede tener en esas circunstancias disponerse a sembrar peras o a ordenar las vides? Séneca intenta trasmitirnos la volubilidad de la fortuna y hasta qué punto las situaciones pueden cambiar por circunstancias inesperadas en muy poco tiempo. Los proyectos agrícolas de Melibeo se fueron al traste cuando le arrebataron los campos; los negocios lucrativos de Senec ión, cuando murió repentinamente.

desconocido? (6) Proyectamos largas travesías y regre-
sos tardíos a la patria tras haber recorrido las riberas
del extranjero, acudimos al ejército con la esperanza de
las lejanas recompensas de las labores castrenses, aspi-
ramos a los cargos de la Administración y al progreso
en su desempeño, pero entretanto la muerte está al lado
y, como nunca pensamos en ella a no ser en la ajena,
los ejemplos de mortalidad que de vez en cuando se nos
imponen no van a durar en nuestra mente mucho más
tiempo del que dura nuestra sorpresa.

(7) ¿Qué puede haber más absurdo que sorpren-
derse de que un día determinado haya sucedido lo que
puede suceder cualquier día? Nuestro final se encuentra donde lo ha establecido la inexorable necesidad del
destino, pero ninguno de nosotros sabe cuán cerca se
halla del final; así pues, dispongamos nuestro espíritu
como si hubiera llegado el momento final. (8) No apla-
cemos nada; hagamos cuentas con la vida diariamente.
El defecto más grande de la vida es que está siempre
inacabada porque algo de ella se aplaza. El que cada
día ha dispuesto la última mano sobre su vida[4] no necesita tiempo; de esta necesidad de tiempo nace el temor y el ansia de futuro que devora el espíritu. Nada

---

4 *Qui cotidie vitae suae summam manum imposuit.* Como en
otros pasajes de su obra, Séneca parece aludir a la capacidad que tiene
el sabio estoico para controlar su vida hasta el punto de estar dispuesto
a quitársela si fuese necesario. Hay que vivir cada día como si fuera el
último, estar preparados para la posible llegada de la muerte e incluso
para disponer de la vida si las circunstancias así lo aconsejan.

es más lamentable que la duda sobre cómo terminarán las cosas que nos ocurren; una mente preocupada por cuánto o cómo sea lo que resta se agita con un miedo inexplicable.

(9) ¿De qué modo nos libraremos de esta inquietud? De uno solo: si no proyectamos nuestra vida más allá, si se recoge en sí misma; ciertamente, el que está pendiente del futuro no saca provecho del presente. Pero, cuando he satisfecho las deudas que tenía conmigo mismo, cuando mi mente afirmada en sus convicciones sabe que no hay diferencia entre un día y un siglo, entonces contempla desde lo alto lo que de los días y de las cosas ha de llegar y piensa con una gran sonrisa en la sucesión del tiempo. ¿Qué cambios e interferencias del azar podrán perturbarte si estás seguro contra lo que es inseguro?

(10) Por eso, mi querido Lucilio, disponte a vivir y considera cada día como una vida singular. Quien se adaptó de esta manera, quien tuvo una vida completa cada día, está a salvo; el tiempo, incluso el más próximo, se escapa a los que viven para la esperanza, y surge el ansia de vivir y el desgraciadísimo miedo a la muerte que provoca que todo sea muy desgraciado. De ahí procede aquella vergonzosa súplica de Mecenas en la que no rehúsa la debilidad e incluso la deformidad y hasta una cruz puntiaguda, con tal de que su vida se prolongue en medio de tales males:

(11) Hazme manco,
hazme cojo de un pie,

ponme chepa en la espalda,
quítame los caedizos dientes:
mientras mantenga la vida, bien está;
consérvamela, incluso si he de sentarme
sobre una cruz puntiaguda.⁵

(12) Mecenas desea lo que, si hubiera ocurrido, sería una gran desdicha, y reclama la prolongación del suplicio como si fuera vida. Consideraría muy despreciable que quisiera vivir incluso en la cruz, pero es que dice: «Te permito que me dejes lisiado, con tal de que el aliento vital se mantenga en un cuerpo roto e inútil; que me hagas deforme, con tal de añadir algo de tiempo a un cuerpo horrible y contrahecho; que me claves y me proporciones una cruz puntiaguda para sentarme». ¿Merece la pena meter el dedo en la propia llaga y yacer extendido en el patíbulo para diferir eso que es lo mejor de los males, el fin del sufrimiento? ¿Merece la pena conservar la vida para luego agonizar? (13) ¿Qué puedes desear a quien así piensa a no ser unos dioses indulgentes?⁶ ¿Qué pretende esta vergüenza de poema tan cobarde? ¿Qué, este pacto de temor demencial? ¿Qué, esta manera tan impúdica

---

5   Uno de los escasísimos fragmentos que nos han quedado de la obra literaria de Mecenas. La Fontaine alude a él en la moraleja de una de sus *Fábulas* (1, 15) con estos versos: «Fue Mecenas un hombre galante, / En alguna parte dijo: "antes impotente, / sin piernas, gotoso o manco, con tal que al cabo / viva, es bastante; yo estoy más que contento". / ¡No vengas nunca, oh Muerte, todos te decimos!».

6   Dioses indulgentes, porque si hubieran concedido a Mecenas lo que pedía solo habrían prolongado su sufrimiento.

de mendigar vida? Piensas que alguna vez Virgilio le recitó este verso: «¿Hasta tal punto es tan triste morir?».[7]

Desea lo peor de los males y anhela lo que es más terrible padecer: que se prolonguen y mantengan. ¿A cambio de qué? De una vida más larga. ¿Pero qué clase de vivir es morir durante mucho tiempo? (14) ¿Es que hay alguien que quiera consumirse en medio del suplicio y perecer miembro a miembro y entregar el alma tantas veces, gota a gota, en lugar de expirar una sola vez? ¿Es que hay alguien que quiera, atado a aquel desgraciado leño,[8] ya debilitado, ya deforme y maltratado por la afrentosa joroba de la espalda y el pecho, que ha tenido muchas ocasiones de morir incluso antes de acercarse a la cruz, alguien que quiera entregar su alma sufriendo tantos tormentos?

(15) Niégame ahora que hay un gran beneficio de la naturaleza en la necesidad de morir. Muchos están preparados para soportar todavía peores pactos: traicionar a un amigo para vivir más tiempo; entregar a sus hijos con su propia mano a la prostitución para conseguir ver una luz del día que será testigo de sus crímenes.

---

7 Verso de la *Eneida* de Virgilio (XII 646). Turno, rey de los rútulos, pronuncia estas palabras cuando, próximo ya a la muerte, contempla el desastre de sus tropas que van a ser derrotadas por los troyanos de Eneas. En tales circunstancias morirse no le parece triste. Virgilio era uno de los poetas a los que Mecenas protegía en su círculo literario y obviamente tuvo que leer este verso. Séneca insinúa que Mecenas no entendió el sentido que pretendía darle Virgilio.

8 Parece hacer alusión al palo horizontal de la cruz que los condenados llevaban atado sobre sus hombros.

Es necesario apartar el ansia de vivir y aprender que no importa nada cuándo sufrirás lo que alguna vez has de sufrir, que hay que esforzarse en vivir bien, no en vivir mucho tiempo, y que muy frecuentemente estar bien significa no estar mucho tiempo.

Que sigas bien.

EPÍSTOLA 102

SÉNECA A SU QUERIDO LUCILIO. SALUD

Aborda Séneca en esta carta un tema controvertido dentro de la propia doctrina estoica, si la celebridad que se consigue más allá de la muerte es un bien. Séneca defiende en diferentes lugares de su obra que es un bien que el aspirante a la sabiduría debe buscar; sin embargo, a Marco Aurelio le parecía absurdo y un buen exponente de la vanidad humana. En la epístola Séneca refuta, a petición de Lucilio, los argumentos que habían formulado algunos dialécticos en contra de su defensa de la celebridad. Primero expone estos argumentos y luego los responde uno a uno. La carta termina con una mística visión de la supervivencia del alma humana más allá de la muerte del cuerpo. El alma se librará de tan penosa carga y regresará junto a los dioses para vivir la eternidad.

Del mismo modo que resulta molesto a quien tiene un sueño bonito que se le despierte (pues arrebata un placer que, aunque sea falso, tiene sin embargo el mismo efecto que si fuera verdadero), a mí tu carta me ha ocasionado fastidio. Me ha espabilado cuando me entregaba a un pensamiento bien trabado y que hubiera deseado llevar más lejos si se me hubiera permitido. (2) Me agradaba indagar sobre la eternidad de las almas, más aún, por Hércules, creer en tal posibilidad; me disponía a prestar oídos fáciles a las opiniones de hombres ilustres que prometen más que demuestran algo muy grato. Me entregaba a una esperanza tan grande, me sentía cansado de vivir y ya despreciaba los restos de una vida agotada proyectándome hacia aquel tiempo inmenso y viéndome en posesión de la eternidad, cuando me desperté al recibir tu carta y perdí un sueño tan hermoso. Volveré sobre él cuando te haya despachado y me resarciré.

(3) Dices que yo no he explicado completamente en mi carta anterior la cuestión que intentaba probar y en la que nosotros estamos de acuerdo: que la celebridad que se alcanza después de la muerte es un bien. Dices que yo no había respondido al razonamiento que se arguye en contra nuestra: «Ningún bien», dicen, «consta de elementos distanciados y en este hay elementos distanciados». (4) Lo que me preguntas, mi querido Lucilio, sobre esta cuestión es asunto aparte, y por eso, lo he diferido, y no solo esto sino otras cuestiones que pertenecen al mismo campo; pues, como sabes, hay asuntos propios de la lógica que se entremezclan con los de la ética. Así pues, yo he tratado la parte que corresponde propiamente a la ética: si es absurdo o inútil trasladar las preocupaciones más allá del último día, si nuestros bienes perecen con nosotros y nada queda del que ya no existe, si acaso algún provecho pueda ser apreciado o

reclamado de aquello que, cuando suceda, nosotros no vamos a sentir. (5) Todas estas cuestiones se refieren a la ética y por eso están abordadas en su lugar. Y los argumentos que contra esta opinión han sido formulados por los dialécticos van a parte y por eso están separados.[1] Ahora, puesto que exiges todo, expondré todo lo que dicen y después responderé a las objeciones de una en una.

(6) Si no anticipo algo, no podrán entenderse mis refutaciones. ¿Qué es lo que quiero anticipar? Que algunos cuerpos son continuos, como el hombre; algunos son compuestos, como la nave, la casa, y, en fin, todas esas cosas cuyas distintas partes están unidas en una sola por un ensamblaje; otros cuerpos son discontinuos y sus miembros están separados, como el ejército, el pueblo, el senado. Estos miembros, a través de los cuales los cuerpos funcionan, están unidos por una ley o por alguna obligación, pero por su naturaleza son singulares y están separados.

(7) ¿Qué más querría anticipar? Que pensamos que ningún bien consta de elementos discontinuos; que un bien debe contenerse y estar guiado por un solo espíritu, y que lo esencial de un bien es ser uno. Este principio, si

---

[1] De las tres secciones en que se dividía la filosofía en la Antigüedad, lógica, física y ética, Séneca manifiesta en distintos lugares de su obra una clara predilección por la ética. En algunos de sus tratados también aborda cuestiones relativas a la física, pero, en general, se muestra muy crítico con la lógica, y sus invectivas contra los lógicos o dialécticos son bastante frecuentes.

alguna vez te interesa, se prueba por sí mismo, pero de momento hemos de exponerlo, pues se arrojan contra nosotros nuestros propios dardos.

(8) «Decís», alega nuestro oponente, «que ningún bien hay en elementos discontinuos; pero la celebridad es la opinión favorable de los hombres buenos y, como la fama no es el juicio de un solo hombre ni la infamia el falso testimonio de uno solo, del mismo modo, la celebridad no es complacer a un solo hombre; deben ponerse de acuerdo en ello muchos hombres insignes y respetables para que haya celebridad. Por tanto, esta surge del juicio de muchos, esto es, de elementos distanciados, luego no es un bien».

(9) «La celebridad», continúa, «es la alabanza que tributan los hombres buenos a un hombre bueno»; la alabanza es un discurso, una palabra con un significado, pero esta palabra, aunque sea la palabra de hombres buenos, no es un bien. Ciertamente, no todo lo que hace un hombre bueno es un bien; pues aplaude y silba, pero, aunque admire y elogie todo del hombre bueno, nadie dice que el aplauso y el silbido sean un bien, no más que un estornudo o la tos. Luego la celebridad no es un bien.

(10) «Decidnos, en fin, si es el bien del que alaba o del alabado; si decís que el bien es del alabado, entonces obráis de forma tan ridícula como si afirmaseis que es un bien mío que otro tenga buena salud. Pero alabar a los que lo merecen es una acción honesta; de modo que es un bien del que alaba, de quien es la acción, no de los que somos alabados; sin embargo, esto es lo que pretendíamos indagar».

(11) Responderé a vuela pluma a cada una de estas objeciones. En primer lugar, si hay algún bien con elementos discontinuos se discute todavía, y una y otra parte mantienen sus opiniones. Después, ¿la celebridad requiere muchos sufragios? Es posible que se conforme con el juicio de un solo hombre bueno; nos considera buenos un hombre bueno. (12) «Y entonces, ¿qué?», replica, «¿la fama será el juicio de un solo hombre y la infamia la maligna opinión de uno solo? También la gloria», añade, «la entiendo difundida más extensamente, pues exige el consenso de muchos».

Es diferente la condición de estas y la de aquella. ¿Por qué razón? Porque, si un hombre bueno opina bien de mí, estoy en la misma situación que si todos los hombres buenos opinasen lo mismo; pues, si me conocieran, todos opinarían de igual manera. El juicio de los buenos es idéntico, impregnado igualmente de verdad. No pueden disentir; por eso es como si todos opinasen lo mismo, porque no pueden opinar de forma diferente. (13) Para la gloria o la fama no es suficiente la opinión de uno solo. En la celebridad es posible que una sola sentencia sea la misma que la de todos, porque, si se preguntase a todos, sería la misma. En la fama y la gloria encontramos los juicios diversos de quienes son distintos. Difícilmente encontrarás acuerdos, todo dudas, opiniones ligeras, sospechosas. ¿Piensas que puede ser única la opinión de todos? Ni siquiera la opinión de uno solo es única. Allí, en la celebridad, complace lo verdadero, la fuerza de la verdad es única y único su rostro; entre los que generan fama y gloria se consienten las falsedades.

Ahora bien, nunca hay firmeza cuando hay falsedad; se cambia de opinión, se disiente.

(14) «Pero la alabanza», alega, «no es otra cosa que palabras y las palabras no son un bien». Cuando se dice que la celebridad es la alabanza de los buenos, otorgada por hombres buenos, no se está aludiendo a las palabras sino a las opiniones. Pues, aunque un hombre bueno guarde silencio, si considera que hay alguien digno de alabanza, este ya es alabado. (15) Además, una cosa es la alabanza y otra el elogio, que exige palabras. Por eso nadie dice alabanza fúnebre sino elogio fúnebre, cuyo desarrollo consiste en un discurso.[2]

Cuando decimos que alguien es digno de alabanza, no le prometemos palabras bondadosas, sino juicios positivos de los hombres. Por tanto, la alabanza también existe cuando la opinión favorable es tácita o cuando el

---

2   Establece Séneca diferencias conceptuales, que probablemente los términos latinos expresaban con más claridad de lo que lo hacen las palabras correspondientes en castellano. Por un lado, distingue entre *claritas*, que hemos traducido por celebridad, y *fama* y *gloria*, que se traducen con términos idénticos en español. *Claritas* sería la celebridad que se adquiere merecidamente y no necesitaría del asentimiento de muchos hombres. La *fama* o la *gloria* puede ser inmerecida y siempre necesita el juicio de muchos hombres. Por otro lado, distingue también entre *laus* y *laudatio*. *Laus*, que traducimos por alabanza, es también el elogio que se recibe merecidamente, mientras que *laudatio*, que hemos traducido aquí por elogio, sería un discurso meramente retórico, que puede lograrse justa o injustamente. El elogio fúnebre, al que alude nuestro autor, era un discurso solemne que pronunciaba un familiar del finado en los funerales de las grandes familias romanas.

que alaba al hombre bueno lo hace internamente. (16) Además, como he dicho, la alabanza se refiere al ánimo, no a las palabras, cuya función es elaborar la alabanza ya concebida y emitirla para conocimiento de muchos. Alaba quien juzga que hay razones para la alabanza. Cuando aquel ilustre trágico nuestro dice que es magnífico «ser alabado por un hombre alabado», quiere decir «un hombre digno de alabanza».[3] E, igualmente, cuando el antiguo poeta dice «La alabanza alimenta las artes»,[4] no se refiere al elogio, que más bien corrompe las artes, pues no hay nada que haya ultrajado tanto la elocuencia y cualquier empeño en agradar los oídos como el aplauso del pueblo. (17) La fama reclama, sin duda, palabras; la celebridad se alcanza también sin necesidad de palabras, satisfecha con el juicio: es plena no solo entre los que callan sino también entre los que disienten. Te diré cuál es la diferencia entre la celebridad y la gloria: la gloria se alcanza con el juicio de muchos hombres, la celebridad con el juicio de los hombres buenos.

(18) «¿De quién es un bien la celebridad, es decir, la alabanza del hombre bueno otorgada por los buenos? ¿Del alabado o del que alaba?». De uno y de otro. Es un bien mío, que soy alabado, pues la naturaleza me engendró para amar todas las cosas, y estoy contento por haber hecho el bien, y me alegro de haber encontrado

---

3 Es un verso de Nevio, dramaturgo romano que vivió entre el siglo III y el siglo II a. C., citado por Cicerón en sus *Tusculanas* (IV 31, 67).

4 No sabemos de qué poeta se trata.

agradecidos divulgadores de mis virtudes. Este es el bien de los muchos que se han mostrado agradecidos, pero también el mío, pues tengo tal disposición de ánimo que considero mío el bien de otros, de esos, sobre todo, para los que yo fui causa de bien. (19) Por otro parte, la celebridad es el bien de los que alaban, pues la alabanza surge de la virtud y toda acción de la virtud es un bien. Este bien no hubieran podido conseguirlo aquellos si yo no fuera tal como soy. Entonces, ser alabado merecidamente es un bien de uno y de otro, tanto, por Hércules, como es un bien del que juzga hacerlo correctamente y del que es juzgado recibir un veredicto favorable. ¿Dudas acaso de que la justicia sea un bien para quien la proporciona y para ese a quien se restituye la deuda? Es de justicia alabar a quien lo merece, luego es un bien de uno y de otro.

(20) Habremos respondido extensamente a estos sofistas, pero no debe ser ese nuestro propósito, desarrollar ocurrencias y arrastrar a la filosofía a estas estrecheces, alejada de su majestad; ¡cuánto mejor es marchar por el camino recto y despejado que enredarse uno mismo en laberintos que has de recorrer con gran disgusto! Estas controversias no son otra cosa que juegos de gentes que hábilmente se engañan entre sí.

(21) Háblame mejor de cuán natural es proyectar la mente hacia lo infinito. El espíritu humano es cosa grande y generosa; no soporta que se le pongan límites, a no ser los que tiene en común con Dios. En primer lugar, no admite una patria humilde, ya sea Éfeso o Alejandría o si hay algún otro suelo más abundante en población

o más extenso en edificaciones;[5] su patria es todo ese espacio que rodea con su perímetro el cielo y el universo, toda esa bóveda dentro de la cual se encierran los mares y las tierras, dentro de la cual el aire, que separa las cosas humanas de las divinas, las une al mismo tiempo, en la cual tantas divinidades vigilan atentas los cometidos que le son propios.

(22) Además, el alma humana no permite que se le asigne una vida restringida. «Todos los años», se dice a sí misma, «son míos; no hay siglo alguno que esté cerrado para los grandes ingenios, ni tiempo que sea inaccesible al pensamiento. Cuando llegue el día que ha de separar esta fusión de lo humano y lo divino, dejaré el cuerpo aquí, donde lo encontré, y yo regresaré con mis dioses. No es que ahora esté sin ellos, pero me retiene esta carga terrenal». (23) En estas dilaciones de la vida mortal se ensaya para una vida mejor y más larga. Igual que el útero materno nos alberga durante diez meses[6] y nos prepara, no para estar dentro de él, sino para estar en ese lugar al que parece que salimos cuando estamos preparados para respirar y soportar el aire libre, así, a través de ese espacio de tiempo que transcurre entre la infancia y la senectud, maduramos para un segundo parto. Otro nacimiento nos espera, otro estado de cosas.

---

5   En el siglo i d. C. Éfeso y Alejandría eran dos de las ciudades más populosas y extensas que había en el Mediterráneo.

6   Diez meses de parto, según la contabilidad inclusiva de los romanos, que contaban la primera y última fracción; nueve meses, según nuestra contabilidad.

(24) Todavía no estamos preparados para el cielo, solo para verlo desde la distancia. Por eso, mira con valentía esa crítica hora; es la última para el cuerpo, pero no para el alma. Contempla lo que te rodea como los utensilios de un albergue. Es necesario partir. La naturaleza golpea por igual al que se marcha y al que entra. (25) No te está permitido llevarte más de lo que trajiste, peor aún, de eso que tenías cuando llegaste gran parte habrá de quedarse aquí: se te arrebatará esa piel que te rodea, la más superficial de tus envolturas; se te arrebatará la carne y la sangre que esparcida discurre por todo el cuerpo; se te arrebatarán los huesos y los nervios, que sostienen los fluidos y las partes blandas.

(26) Ese día que temes como si fuera el último será el de tu nacimiento para la eternidad. Libérate de la carga; ¿por qué te retrasas?, ¿por qué no sales también ahora, como antes de nacer, tras abandonar el cuerpo en el que te escondías? Te quedas parado, te resistes; también entonces fuiste expulsado gracias al gran esfuerzo de tu madre. Gimes, lloras, y esto también es propio del que nace, pero entonces se te podía perdonar, pues llegabas ignorante y en todo inexperto. Nada más salir del confort cálido y suave de las entrañas maternas te acarició un aire más libre; después te golpeó el tacto de una mano dura, y todavía tierno y desconocedor de cualquier cosa, te quedaste atónito en medio de lo desconocido. (27) Ahora no es nuevo para ti ser separado de aquello de lo que antes formabas parte; abandona tranquilamente estos miembros ya agotados y sal de este cuerpo en el que has habitado durante tanto tiempo. Será desgarrado,

será enterrado, será aniquilado; ¿por qué te entristeces? Es lo que suele ocurrir; siempre desaparecen las membranas que recubren a los que nacen. ¿Por qué te apegas a estas envolturas como si fueran tuyas? Estás cubierto por ellas, pero vendrá el día que las destruirá y te librará del contubernio de este cuerpo feo y maloliente.

(28) Ahora, también tú aléjate de este cuanto puedas y del placer, a no ser que esté unido a las necesidades naturales,[7] y ajeno a él medita entonces en ideas más profundas y sublimes; un día te serán revelados los secretos de la naturaleza y esta densa niebla se levantará y una luz brillante te rodeará por todas partes. Imagina en tu mente cuán grande ha de ser ese fulgor, en el que se entremezclen entre sí las luces de tantos astros. Ninguna oscuridad perturbará el cielo despejado que resplandecerá en toda su amplitud sin ninguna alternancia, pues día y noche son turnos de una atmósfera inferior. Entonces, te dirás a ti mismo que has vivido en las tinieblas, cuando en tu plenitud hayas contemplado toda la luz que ahora entrevés apenas por los estrechos canales que proporcionan tus ojos y que, no obstante, ya admiras, aunque sea de lejos. ¿Qué te parecerá la luz divina cuando la veas en el lugar que le es propio?

(29) Este pensamiento no permite que nada sórdido se aloje en el espíritu, nada vil, nada cruel. Nos dice que

---

7   En la edición de Oxford, que seguimos en nuestra traducción, se anota una breve laguna en el texto. El sentido, en todo caso, parece claro. El estoico Séneca reniega del placer, a no ser que este vaya unido a necesidades naturales: comer, reproducirse, etc.

los dioses son testigos de todos los actos; que hemos de someternos a su aprobación. Y nos ordena estar preparados para el futuro y tener en cuenta la eternidad. Quien tiene esta en mente no tiene miedo a ningún ejército, no se aterra con el sonido de la trompeta y no existe amenaza alguna que le infunda temor.

(30) ¿Cómo va a tener miedo quien concibe la muerte como una esperanza? Incluso quien opina que el espíritu permanece tanto tiempo como está atado al cuerpo y que, una vez liberado, se disipa al instante, se esfuerza para poder ser útil también después de la muerte.[8] Pues, aunque él haya desparecido de nuestra vista, sin embargo «revuelve en su cabeza la gran virtud del héroe y la noble alcurnia de su pueblo».[9]

Piensa cuántos buenos ejemplos nos son provechosos; te darás cuenta de que el recuerdo de los grandes hombres no es menos útil que su presencia.

Que sigas bien.

---

8   Con toda probabilidad se refiere a Epicuro, quien sostenía que en la muerte el alma desaparecía con el cuerpo. Sin embargo, por lo que dice nuestro autor, también defendía la búsqueda de la celebridad como algo positivo. Al fin y al cabo, tal búsqueda debía de proporcionar algún tipo de placer.

9   Versos de la *Eneida* (IV 3-4) que se refieren al enamoramiento de Dido, que no dejaba de remover en su cabeza las virtudes que adornaban a Eneas y la noble estirpe de su nación. Séneca aprovecha estos versos para elogiar, como hace en otros muchos lugares, a su admirado Epicuro. Hay en estos elogios una cierta provocación hacia Lucilio y los demás estoicos que miraban a Epicuro como a su gran rival.